大展好書　好書大展
品嘗好書　冠群可期

大展好書　好書大展
品嘗好書　冠群可期

武學名家典籍校注19

王茂齋太極功

王茂齋 著
季培剛 校注

大展出版社有限公司

出版人語

武術作為中華民族文化的重要載體，集合了傳統文化中哲學、天文、地理、兵法、中醫、經絡、心理等學科精髓，它對人與自然和諧共生關係的獨到闡釋，它的技擊方法和養生理念，在中華浩如煙海的文化典籍中獨放異彩。

隨著學術界對中華武學的日益重視，北京科學技術出版社應國內外研究者對武學典籍的迫切需求，於二〇一五年決策組建了「人文・武術圖書事業部」，而該部成立伊始的主要任務之一，就是編纂出版「武學名家典籍校注」系列叢書。

入選本套叢書的作者，基本界定為民國以降的武術技擊家、武術理論家及武術活動家，而之所以會有這個界定，是因為民國時期的武術，在中國武術的發展史上占據著重要的位置。在這個時期，中、西文化日漸交流與融合，傳統武術從形式到內容，從理論到實踐，都發生了巨大的變化，這種變化，深刻干預了近現代中國武術的走向。

這一時期，在各自領域「獨成一家」的許多武術人，之所以被稱為「名人」，是因為他們的武學思想及實踐，對當時及現世武術的影響深遠，甚至成為近一百年來武學研究者辨識方向的座標。這些人的「名」，名在有武術的真才實學，名在對後世武術傳承永不磨滅的貢獻。他們的各種武學著作堪稱為「名著」，是中華傳統武學文化極其珍貴的經典史料，具有很高的文物價值、史料價值和學術價值。

民國時期的太極拳著作，在整個太極拳發展史上占有舉足輕重的地位。當時的太極拳著作，正處在從傳統的手抄本形式向現代著作出版形式完成過渡的時期；同時也是傳統太極拳向現代太極拳過渡的關鍵時期。這一歷史時期的太極拳著作，不僅忠實地記載了太極拳的衍變和最終定型，還構建了較為完備的太極拳技術和理論體系。

「武學名家典籍校注」收錄了一代武學大家孫祿堂先生的《形意拳學》《八卦拳學》《太極拳學》《八卦劍學》《拳意述真》，著名太極拳家楊澄甫先生的《太極拳使用法》《太極拳體用全書》，陳微明先生的《太極拳術》《太極劍》《太極答問》，武術教育家許禹生先生的《太極拳勢圖解》《陳式太極拳第五路　少林十二式》，董英傑先生的《太極拳釋義》等。

歷史上留下的關於王茂齋的資料非常少見，他在世期間，以他為宗的太極功傳習群體共留下三份較為重要的文獻資料：一是王茂齋保存的太極功譜；二是一九二九年由其弟子彭廣義（仁軒）組織編印的《太極功同門錄》；三是一九三三年由彭仁軒編印的《太極拳詳解》。本書將三份文獻集合影印並加以點校。

這些名著及其作者，在當時那個年代已具有廣泛的影響力，而時隔近百年之後，它們對於現階段的拳學研究依然具有指導作用，依然被太極拳研究者、愛好者奉為宗師，奉為經典。對其多方位、多層面地系統研究，是我們今天深入認識傳統武學價值，更好地繼承、發展、弘揚民族文化的一項重要內容。

本叢書由國內外著名專家或原書作者的後人以規範的要求對原文進行點校、注釋和導讀，力求尊重大師原作，再現經典，經得起廣大讀者的推敲和時間的考驗。

「武學名家典籍校注」，將是一個展現名家、研究名家的平台，我們希望，隨著本叢書的陸續出版，中國近現代武術的整體風貌，會逐漸展現在每一位讀者的面前；我們更希望，每一位讀者，把您心儀的武術家推薦給我們，把您知道的武學典籍介紹給我們，把您研讀詮釋這些武術家及其武學典籍的心得體會告訴我們。我們相信，「武學名家典籍校注」這個平台，在廣大武學愛好者、研究者和我們這些出版人的共同努力下，會越辦越好。

解讀

本書所輯錄者，是與民國時期的一位太極宗師——王茂齋（一八六二—一九四〇）有關的三份文獻。

一是王茂齋保存並傳下來的太極功譜——《太極拳總綱目》；二是王茂齋門人於民國十八年（一九二九年）組織編印的《太極功同門錄》；三是王茂齋弟子彭仁軒編著並刊印於民國二十二年（一九三三年）冬的《太極拳詳解》。

這三份文獻，都是王茂齋在世期間出現的，因而，對於關注以其為宗的太極傳習群體的讀者來說，別具意義。

在此，謹對這三份文獻略作解說，以供讀者參考。

一、淵源背景

晚清時期，京城的旗人護衛萬春、凌山、全佑三人，得到太極宗師楊祿躔①傳授，後拜在楊氏之子班侯門下稱弟子。關於這一史實的最早記載，大約來自民國初期京師體育研究社的社長許龗厚（禹生）。民國十年（一九二一年），該社出版發行了許禹生所著《太極拳勢圖解》。書中第五章「太極拳之流派」的最後，有這樣一段：

當露蟬先生充旗營教師時，得其傳者蓋三人，萬春、凌山、全佑是也。一勁剛，一善發人，一善柔化，或謂三人各得先生之一體，有筋、骨、皮之分。旋從先生命，均拜班侯先生之門稱弟子云。

萬春、凌山是否有傳人，無從知曉，僅知旗人紀德（子修）與凌山為友。

而全佑的傳人相對較多，且多是旗人，在民國初期的北京城中，已成為雖宗於楊家卻幾乎與之並列的支脈。

全佑，字公甫，號保亭，正白旗人，滿族老姓吳福氏，生於清道光十四年（一八三四年），卒於光緒二十八年（一九〇二年），籍貫順天府大興縣，即北京內城東部一帶。明清兩代的北京城又稱順天府，包括二十四個州縣，其中有兩個縣最為特殊，即大興和宛平。因大興、宛平的縣衙都設在北京城內，以中軸線為界，東為大興縣（管理北京內城東部及東郊地區），西為宛平縣（管理北京內城西部及西郊地區），俗稱皇帝「身坐金鑾殿，腳踩兩個縣」即此。

關於全佑的弟子門生，從民國十八年（一九二九年）由王茂齋的弟子彭廣義（仁軒）組織編印的《太極功同門錄》「太極功傳承表」上來看，僅列了三人：王有林（茂齋）、吳愛紳（鑒泉）、郭芬（松亭）。

另從其中「通信錄」部分看，最前面六人，年歲分別為：王有林（六十六）、吳愛紳（五十六）、郭芬（五十六）、常安（五十八）、齊治平（四十九）、英傑臣（五十二）。

也就是說，這六位並不是完全按年歲排列的，並且他們是排列在同一張紙上，因六人無法將正反兩頁總共十六豎行表格填滿，英傑臣之後的表格均空。此後，從楊德山開始，則另起一張，除了一些不知具體年歲的人列在最後面，基本都是按長幼順序排列，並且從楊德山往後的所有人，幾乎都是分別屬王茂齋、吳鑒泉、郭松亭三人的弟子。

前面的「太極功傳承表」中，王茂齋、吳鑒泉、郭松亭名下分別開列了弟子名單，對照來看，各是誰的弟子就比較清楚。由此來看，常安（遠亭）、齊治平（格忱）、英傑臣（傑臣）三人與王茂齋、吳鑒泉、郭松亭三人就應是同輩了，都是全佑的弟子門生。其中，常遠亭傳人不多，大約僅傳其兩個兒子常慶祿（雲階）、常慶壽（松年），從常雲階之後才擴展開來。而齊治平、英傑臣二人，雖與王茂齋、吳鑒泉、郭松亭同門同輩，卻未見有傳人。

另外，民國二十二年（一九三三年）出版的李先五《太極拳》一書「系統表」中，在吳全佑名下列了五人：吳鑒泉、王茂齋、劉鳳山、郭松亭、齊格忱。該書「著者」李先五在劉鳳山的名下。民國十四年（一九二五年），京師體育研究社編印的《體育叢刊》所載體育講習所「國技教員」共計七人：紀德（子修）、吳愛紳（鑒泉）、劉殿升（恩綬）、劉鳳山（彩臣）、張忠元（升庭）、興福（石如）、汪文峻（華庭），可知劉彩臣即劉鳳山，彩臣是其別號。作為劉彩臣弟子的李先五，述其師的太極拳源自吳全佑，本不至於有差錯，而實際情形卻稍有複雜。

劉彩臣（一八五三—一九三八），直隸寧津縣人，他比《太極功同門錄》中所列的六位全佑弟子都年長一些。據說早年曾從劉奇蘭的門人耿繼善（一八六〇—一九二八）等人學形意，復因人介紹得以進京師從劉德寬，此後與全佑之子吳愛紳結為盟友，遂通太極拳術。因其學宗多門，很難將他歸為哪個門戶，如果勢必要將他歸在誰的門下，也許還是歸為劉德寬的六合門更合適。

在晚清的北京城中，劉德寬是一位打破門戶之見，學宗各門的人物，他早期從學於「雄縣劉」劉仕俊，又從董海川學八卦，從楊祿躔的門人學太極，聞有所長者皆願從學，以六合大槍著稱，人稱「大槍劉」。他的門生們也大多深受其影響，門戶見識較弱。劉彩臣也是以其師劉德寬所傳六合門技藝為根基，學宗多門。

從民國初期開始，身在教育部任職的旗人許龗厚（禹生）創辦京師體育研究社，致力於以中國的「武術」為核心，打造出一種帶有「中體西用」意味的「體育」樣式，並力圖推向新式教育體系當中。許禹生其人是劉德寬的弟子，在劉過世後，又因人介紹得從楊健侯習太極。因許禹生個人交遊關係，其所倡辦的京師體育研究社專任教師有兩大特點：一是大多為旗人，清廷傾覆，旗人失勢，改從漢姓，往往相互援引，以維持生計；二是大多為劉德寬的弟子門生，亦即許禹生本人的同門師兄弟。

如此兩者，也形成了新的有利因素，一是由旗人倡導「武術」，可在一定程度上避免庚子拳亂之後當時輿論對「拳匪」的質疑，一是劉德寬的弟子門生大多學宗多門，幾乎與北京城的幾大門派均有傳承關係，因而視野和心胸較為開闊，限制技藝交流的門戶見識相對較少，同在體育研究社擔任教員，不會因門戶而起矛盾糾紛。

劉彩臣作為許禹生的同門，自民國初期開始就一直在體育研究社任教，又曾任國立北京大學、郵電學校、交通大學等北京各校拳術技擊教員②，名聲與影響都很廣泛。王茂齋門人刊印《太極功同門錄》時，劉彩臣仍然在世，而《同門錄》中卻未見「劉彩臣」出現。如果說是無意的疏漏，似乎說不過去。顯然，劉彩臣作為吳鑒泉的盟友，其太極拳主要是跟吳鑒泉學的，並非直接從學於全佑，為尊重事實，王茂齋等人均無法將其視為同門師兄弟。

此外，傳說中全佑的另幾位弟子劉恩綬、夏公甫，則沒有什麼確切史料可以證明他們也是全佑的弟子。因在京師體育研究社任教的關係，劉殿升（恩綬）的名字被相關史料記載下來，還時而會出現在後人的視野中，王新午在其《岳氏八翻手》一書的「自序」中述及其本人於民國初年在京師體育研究社

「從河北衡水劉恩綬殿升先生學岳氏八翻手，其法由岳家散手變化而來，為清光緒間大槍劉敬遠德寬公所編創，傳為少林嫡系。

恩綬先生為敬遠公高弟子，功行精邃，名盛一時」，由此可知，劉恩綬也同樣是劉德寬的門人。他與劉彩臣一樣，很可能是同在體育研究社任教期間從吳鑒泉學得太極拳，但也並非直接從學於全佑，難以與王茂齋等人構成事實上的同門師兄弟關係。

至於夏公甫到底是什麼情況，則模糊不清。有一說法，全佑的弟子還有夏貴勛。本人懷疑「夏貴勛」大約是楊祿纏女婿「夏國勛」在口頭流傳中的訛誤。據後世傳說，夏國勛在京期間與程廷華、劉德寬、張占魁、李奎垣等人為莫逆之交，特別是夏國勛教程廷華、劉德寬太極，而程、劉二人則教夏八卦，由此而衍生出後世的「八卦太極拳」。另外，口頭流傳的「夏公甫」是否有可能即「夏貴勛」或「夏國勛」的字號？又，全佑之字亦為「公甫」，「夏公甫」是否即指全佑本人而言？或者在口傳中，將楊祿纏女婿之名與全佑之字混到了一起？目前均無確切史料可證，亦無人可詢，僅能存疑。

因此，全佑的弟子門生，目前所能確切無疑者，只有《太極功同門錄》所記錄的王茂齋、吳鑒泉、郭松亭、常遠亭、齊格忱、英傑臣六人。

自民國初期開始，全佑之子吳愛紳（鑒泉）得以在京師體育研究社及附設體育講習所和體育學校任教，屬在半官方機構中專門倡導太極拳，影響力日漸擴大。而王茂齋則是一位漢人，原籍山東省掖縣，在京自有買賣營生，且與京師體育研究社的實際主持者許禹生既非非劉德寬門下的同門，又非盟友關係，難以成為體育研究社正式教師。

一九一九年十二月，體育研究社刊印了《體育季刊》第三期，其中「本社記事」部分公布了該社此時講授拳技的「教員」名錄：許龗厚（禹生）、紀德（子修）、吳愛紳（鑒泉）、劉殿升（恩綬）、劉鳳山（彩臣）、興福（石如）、楊兆祥（夢祥）、楊兆清（澄甫）、白存福（壽臣）、張忠元（升庭）、周峻山（秀峰）。楊兆祥（夢祥）為楊祿蹕之孫、楊健侯之長子，即楊少侯；楊兆清（澄甫）則為楊健侯的三子，他自一九一五年十一月起兼任北京高等師範學校「課外運動」教員，實際在西式教育體制下的高等學校中，他也只能在正式課程以外講授拳技③；張忠元（升庭）為劉德寬門生，為許龗厚的同門師兄；白存福（壽臣）的生平不詳，很有可能也是許龗厚的同門。該社還附設了一個專門培養學校體操教員的體育講習所。

從《體育講習所職教員一覽表》來看，此時所長許龗厚（禹生），職員有金世榮（月東）、伊齊賢（見思）、施鎧（健武）、張彞（景蘇）、李德慶（仁甫），學科教員為胡培元（倫理學）、毛邦偉（教育學）、王不艾（體育原理）、柯興耀（生理衛生）、張秀山（音樂）、郭家騏（圖畫）；術科教員為孔繁俊（普通體操）、毛侃（兵式體操）、王不艾（游技）、周峻峰④（新武術）、紀德（岳式散手）、興福（長拳）、吳愛紳（太極拳術）、劉殿升（岳氏連拳）、劉鳳山（少林十二式、八卦拳術）。

作為體育研究社太極拳教員吳鑒泉的同門，王有林、郭芬、齊治平三人都被列在該社的「名譽幹事」（十七人）名單中，大約僅是「名譽」，並無實職，不實際參與該社事務。一九二四年底該社編印的《體育叢刊》公布的名單，「名譽幹事」（二十五人）中，吳鑒泉的同門僅剩王有林（茂齋）一人，另外兩位已不見載。

此時與王茂齋同為「名譽幹事」還有張廣明（月庭）、徐延貴（月庭）、恒泰（壽山）、巴彥布（潤芝）、宋書銘（碩亭）、春秀（志先）、王本榮（子固）、劉鳳春（渺清）、李志權（仲英）、張漢群（漢澄）、崇貴（伯高）、紀德（子修）、姜金凌（殿丞）、趙全（仙洲）、李玉璋、王志群（潤生）、瑞沅（仲瀾）、姬鳳翔（集安）、姜永慶（繼昌）、劉永華（殿臣）、鄧雲峰、金之錚（鍔青）、吳清林（勵忱）、程友龍（海亭）。其中，此時的宋書銘、春秀、紀德三位均已物故。

大約在民國五年（一九一六年）前後，京師體育研究社幾位教師聽說袁世凱的一位幕僚宋書銘（碩亭）精於太極拳，一起前去訪謁，結果與宋推手皆不敵，佩服之下，均拜宋為師。前述許禹生所著《太極拳勢圖解》「太極拳之流派」中對此事有這樣一段記載：

有宋書銘者，自云宋遠橋後，久客項城幕。精易理，善太極拳術，頗有所發明。與余素善，日夕過從，獲益匪鮮。本社教員紀子修、吳鑒泉、劉恩綬、劉彩臣、姜殿臣等多受業焉（吳為全佑子，紀常與凌君為友）。

除許禹生的記載外，又有王華傑（新午）的記述可為佐證。民國初期，山西青年王新午曾在京城從學於京師體育研究社附設體育講習所諸教師，他於民國十八年（一九二九年）即大致寫成，最終於民國三十一年（一九四二年）正式出版的《太極拳法闡宗》一書中，對宋書銘的情況作了更為詳細的記述：

清社始屋，項城袁氏秉政。時有遺老宋氏書銘參其幕，精研易理，善太極拳，時年已七十矣。自言為宋遠橋十七世孫，其拳式名三世七，以共三十七式而得名，又名長拳，與太極十三式拳勢名目大同小異，然趨重單式練習，惟推手法則相同。其時紀子修先師，及吳鑒泉、許禹生、劉恩綬、劉彩臣、姜殿臣諸師，正倡導太極拳於京師，功行皆冠於時。聞宋氏名，相與訪謁，與宋推手，皆隨其所指而跌，奔騰其腕下，莫能自持。其最妙者，宋氏一舉手，輒順其腕與肩，擲至後方尋丈以外。於是紀、吳、許、劉諸師，皆叩首稱弟子，從學於宋。時紀師年逾古稀，壽與宋相若，而願為宋弟子，宋與師約，秘不傳人，師曰：「予習技，即以傳人。若秘之，寧勿學耳。」於以見宋技之精，與紀師之耄而好學與坦率也。宋所傳拳譜，名《宋氏家傳太極功源流及支派考》，為宋遠橋所手記者。其論太極拳種類原理，備極精詳，並可信證太極十三式確為張三豐所傳，為太極拳之一種。宋氏家傳本，於民國初年宣露於世，前輩多抄存者，予於民國七年始得之。今之學者，守一師之說，詡詡自得，乃不知有宋氏，輒以考據自標，執筆學為如此之文，亦陋矣。宋氏在清季為詞林巨子，所著內功原道明理諸篇，已播於世，允為傑作。惜其晚年因瘁家居，抱道自娛，積稿盈屋。許公禹生數敦其出，皆不起。繼以重金求其稿，亦不許，僅承其口傳心授一鱗半爪耳。旋居保定作古，其遺著不知流落何所，徒令人嚮往而已。

在楊澄甫的學生吳志青所編《太極正宗》（上海大東書局，一九四〇年）一書中，收入一篇《向愷然先生練太極拳之經驗》，據向氏所述：

項城當國時，幕中有宋書銘者，自稱謂宋遠橋之後人，頗善太極拳術。其時，以拳術著稱於北平之吳鑒泉、劉恩綬、劉彩臣、紀子修等，皆請授業。究其技之造詣至何等，不之知也。宋約學後不得轉授他人。時紀子修已年逾六十，謂宋曰：「某因練拳者，一代不如一代，雖學者不能下苦工夫，然教者不開誠相授，亦為斯技淪胥之一大原因。故不辭老朽，拜求指教，即為異日轉授他人也。若學後不得轉授，某已年逾六十，將於泉下教鬼耶！」遂獨辭出。其從遊者，終無所得。蓋宋某拳師之習氣甚深，其約人之不得傳授他人，即不啻表示自之不肯以技授人也。

向愷然在一九四〇年代所作《我研究推手的經過》一文中也有一段記載：

一九二九，在北京，從許禹生先生學習推手。他的太極拳是從宋書銘學的，是宋遠橋的一派，專注意開合，配合呼吸。每一個動作，都要分析十三勢，尤其以中定為十三勢之母，一切動作都得由中定出發。可惜他那時主辦北平國術館兼辦北平體育學校，工作太忙，不能和我多說手法，介紹了劉恩綬先生專教我推手。劉先生也是從宋書銘學過太極拳的。但他的推法，卻跟以上諸位先生不同，忽輕忽重，或長或短，每每使我連、隨不得，粘、黏不得。有時突然上提，我連腳跟都被提起，突然一撤，我便向前撲空。

如果就此認定宋書銘極其保守，絕不傳人，似乎也不盡然。宋氏所傳下來的功譜《太極功源流支派論》中，有這樣一段文字：

書及後世，萬不可輕泄傳人。若謂不傳人，當年先祖師何以傳至余家也？卻無論親朋遠近，所傳者，賢也！遵先師之命，不敢妄傳，後輩如傳人之時，必須想余緒記之心血與先師之訓誨可也。

此外還有一段「十不傳」的訓誡。可知宋氏並非不傳，只是不能妄傳，而須得賢者才傳。可是，如此的老輩經驗做派，與當時京師體育研究社力圖大批量培養中小學體育師資的取徑，顯然並不融洽。因而「其晚年因瘁家居，抱道自娛，積稿盈屋。許公禹生數敦其出，皆不起。繼以重金求其稿，亦不許，僅承其口傳心授一鱗半爪耳」，也是必然。

不管怎麼說，全佑的弟子們在民初得識宋氏以前，太極之功恐怕還都不是那麼純正的。在與宋書銘比試之後，就連全佑之子吳鑒泉都「隨其所指而跌，奔騰其腕下，莫能自持」，甘願「叩首稱弟子，從學於宋」。據後人口傳，作為全佑弟子的王茂齋、吳鑒泉、郭松亭這三位老先生關係很近，曾長期在王茂齋位於北京東四北的「同盛福」麻刀鋪子後院一起切磋研究。這一點在民國十八年（一九二九年）刊印的《太極功同門錄》中，也可看出一些端倪。

前述從《同門錄》「太極功傳承表」來看，吳全佑的名下僅列了三人：王有林（茂齋）、吳愛紳（鑒泉）、郭芬（松亭）。《太極功同門錄》中的「通信錄」，所開列的主要是王茂齋、吳鑒泉、郭松亭及其各自的弟子門生。可以佐證在全佑的門人當中，這三人的關係較近的口頭傳聞，並非空穴來風。由此，王茂齋、郭松亭二人即便未直接從學於宋書銘，也會從吳鑒泉那裏間接琢磨到宋書銘所傳的太極功，參融了宋氏太極功是非常自然的事情。所幸歷史還留下了如下一點記載。民國二十一年（一九三二年）二月，許禹生為副館長（實際負責人）的北平特別市國術館，正在編印月刊《體育》第一卷第二期，其中將發表沈家楨的文章《現時太極拳多數未能與他拳種比試之研究》，許禹生為該文作了一段按語：

宋氏三世七派，名書銘，字碩亭，項城當國時，曾居袁幕府。楊氏門徒如吳鑒泉、王茂齋等，皆曾拜門墻。宋師與餘頗善，常寓舍中，獲益匪鮮。

雖所述無多，但作為親身經歷者，許禹生留下的簡短的文字，正佐證了王茂齋也曾師從宋書銘學習太極功這一歷史事實。

民國十六年（一九二七年），南京國民政府成立。北京成了舊都，改稱「北平」。各界人士紛紛南下，市面日漸蕭條。原本身在北京的幾位知名拳師如孫祿堂、楊澄甫、吳鑒泉等人，乃至他們的弟子門生，因種種機緣，也相繼匯入了南下的潮流中。而王茂齋不以教授拳技為生，長期經營「同盛福」麻刀鋪，做建材生意，動身不便，遂留守於北平，以他為中心的師徒群體，成為此後舊都的一大門戶，並深刻影響了北京城直到今天的拳技傳習格局。

民國二十二年（一九三三年）六月擔任北平市長的袁良（文欽），同時於當年八月一日就職北平國術館館長。袁氏與北京武術界的淵源，至少要上溯至民國元年（一九一二年），正值京師體育研究社成立前後，他被許禹生介紹參與有關「體育」活動。

民國九年（一九二〇年），袁良以民國大總統府秘書、國務院參議的身份，兼任京師體育研究社的社長，以目前所掌握的資料看，至少民國九年（一九二〇年）至十三年（一九二四年）期間他一直擔任該職。十八年（一九二九年）秋，袁良擔任上海市公安局局長，熱心介紹北平國術同人南下任教。在二十二年（一九三三年）夏北平國術館館長就職儀式上，他被一再邀請當眾表演太極拳一趟，頗獲好評。

袁良在太極拳方面一直頗有興致，據當時報紙報導，他每天清晨天不亮即起，習練太極拳，在一旁陪同並指導的老師，正是王茂齋。

【注釋】

①楊福魁，字祿**纏**，民國以來，另有作「露禪」「露蟬」「祿纏」「露纏」「陸禪」乃至「儒禪」「如禪」者，經吳文翰先生考證，認為「楊祿禪」較為可信，相關文論另有曲梁《再考楊祿禪的名和字》（《武林》二〇〇五年第一期）等。而張玉華則認為應作「祿躔」，其分析更為合理（參見張玉華《楊祿躔名字被誤傳八十年》（《武當》二〇〇三年第十一期）。古人取字，常與名對應，福與祿不必論，魁與躔則均與天文有關，現今視「躔」生僻，實際在明清諸多方誌的天文誌中隨處可見「躔度」一詞，意為日月星辰等天體運行的度數。之所以會出現「祿纏」「露纏」這樣的寫法，應當都是「躔」字誤寫，卻比「禪」「蟬」在字形上更接近眞實。本文論述均採取「楊祿躔」，至於引文以及原版影印部分，則原樣照錄，不做更動。書後經過校改的內容，為方便讀者閱讀，則均統一為「祿躔」。

②據一九一八年編印的《國立北京大學廿周年紀念冊》，劉鳳山（彩臣）

為該校「技擊教師」，時年「五十三」，住處「西安門外大拐棒胡同」。（《國立北京大學廿周年紀念冊》，「職員一覽·現任職員錄」，一九一八年，第七十六頁。）據一九二三年編印的《北京交通大學經濟部本科癸亥級畢業紀念冊》，劉鳳山，別號「採臣」，籍貫直隸寧靜（津），「略歷」為「北京大學、郵電學校拳術教員」，擔任學科為「拳術」，通訊處「大拐棒胡同十六號」。（《北京交通大學經濟部本科癸亥級畢業紀念冊》，「本校各科教員錄」，一九二三年，第十三頁。）

③據一九一八年編印的《北京高等師範學校十周年紀念錄》記載，楊兆清（澄甫）時年「三十七」，籍貫「直隸永年」，住址「宗帽三條」，到校時間為「民國四年十一月」，要比紀德早一年半左右，紀德（子修）的到校時間為「民國六年五月」。（《北京高等師範學校十周年紀念錄》，「現任教員錄」，一九一八年，第一七二——一七三頁。）

④此處「周峻峰」似應為「周峻山」之訛。據《北京高等師範學校十周年

紀念錄》，周峻山（秀峰），籍貫山東歷城，時年三十四歲，兼任課外運動教員，到校時間為民國八年一月。（《北京高等師範學校十周年紀念錄》，「現任教員錄」，一九一八年，第一七三頁，見張研、孫燕京主編：《民國史料叢刊》，鄭州：大象出版社，二〇〇九年，第一一〇七冊，第二〇三頁。）另據《國立北京師範大學民國十四年畢業同學錄》，周峻山的履歷為「隨營軍官學校畢業，北京體育學校教員」，在國立北京師範大學的職務為「拳術教授」。（《國立北京師範大學民國十四年畢業同學錄》，「教職員錄」，一九二五年，第六頁。）

二、王茂齋所傳太極功譜——《太極拳總綱目》

在過去，拳譜這一實體樣式，能夠在一定程度上反映接譜在手者傳習內容的淵源。吳鑒泉保存並傳遞下來的拳譜，正式完整披露於一九八〇年。是年，香港以《吳家太極拳》之名，再版吳鑑泉之子吳公藻於民國二十五年（一九三六年）編著的《太極拳講義》，以影印的形式增附了一份「楊班侯傳吳全佑之手抄秘本」。這份得自楊家的秘本，沒有總的名稱，由於其目錄中條列了三十二個篇目，且目錄的結尾還特意標明「共三十二目」，故而後人一般簡稱其為楊家「三十二目」。實際正文在這三十二篇的後面還有八篇。吳鑑泉曾在抄本封面上補題了譜名「太極法說」，並署名鈐蓋「吳鑑泉章」及「吳愛仁堂」章。在封面的背面，吳公藻本人以鋼筆作了一段說明：

> 此書乃先祖吳全佑府君拜門後，由班侯老師所授，是於端芳親王府內抄本，在我家已一百多年。公藻在童年時，即保存到如今。吳公藻識。

這是吳家保存的楊家所傳「三十二目」拳譜首次以全部真容公之於世。楊家自藏並傳遞的拳譜，也是這份「三十二目」。其真容是在一九九三年出版的《楊澄甫式太極拳》（楊振基演述、嚴翰秀整理）一書中，以「楊澄甫家傳的古典手抄太極拳老拳譜影印」的名目公開的。楊振基於一九九二年六月二十日書寫了「影印件說明」：

> 手抄本太極拳老拳譜三二解長期在我母親處保存，一九六一年末我要去華北局教拳，母親將此手抄本交與我，由於此本作為自己的內修本也就沒有外傳，今趁出書之機把它公布，讓廣大愛好太極拳者藉此有新的思索和提高太極拳理論水準，這是我所盼。

對照楊吳兩家所藏的這兩份「三十二目」影印本，均為工楷抄錄，紙本樣式、字跡及謄錄格式幾乎完全一致，極可能出於同一人之手，至少一式兩份。至於這兩份拳譜出自何人之手，據後世相關口傳，楊祿躔的女婿夏國勛在京期間，未曾授徒，平日在家琢磨寫拳譜，楊家拳譜出自夏氏之手，並非不可能。

不過，這兩份拳譜中存在個別字句同時有誤的情況，或許抄錄者與寫作者並非一人。有學者根據其中多次出現的「體育」一詞，判斷該譜應作於十九世紀後期。

可是，作為吳鑒泉的師兄，王茂齋手中曾保存的功譜是什麼樣式？至今很多人已難知真相。由於「文革」中王茂齋之子王子英被抄家批鬥並遣返原籍嚴加看管，王茂齋所傳下來的拳譜可能已盡遭損毀。隨著王茂齋門下兩代傳承者的相繼謝世，切實情形愈加模糊。可是，從一些或隱或現的殘存文獻中，還能尋到一些蛛絲馬跡。

本人在二〇一一年春到萊州的走訪調查中得知，王茂齋的外甥張式聚（王子英的兩姨弟兄）保存下一份拳譜的抄本，封面題名為《武當派拳集冊》。張式聚的長孫曾出示了該冊封面及最前面一頁目錄複印件，該目錄大致即宋書銘所傳《太極功源流支派論》的內容。據張式聚的後人講，張式聚生前口述這份功譜的來歷，是當年他的姨父王茂齋親自交給他，讓他抄錄保存的。該譜在張氏後人手中，外人難得一見。

二〇一〇年出版的《李經梧太極內功及所藏秘譜》（梅墨生、李樹峻編著）一書，其中公布了李經梧所保存下來的拳譜——《太極拳秘宗》。據梅先生所述：

一九八九年冬，有一次去北戴河見老師（筆者當時生活工作於秦皇島市），恩師取出《太極拳秘宗》囑我抄錄一份，並再三叮嚀說：「你有文化（恩師十分尊重文化人），要認真研讀，要多琢磨，太極道理盡在其中啊！」我一看是一本很舊的手抄本線裝書；雖不破，但邊角已毛邊。恩師還要求抄完即送回，可見他對此書的珍重。我當時是用鋼筆抄錄的，月餘後便將原書璧還。老師告知，這本秘譜是趙鐵庵師爺珍藏的，臨別時鄭重贈他，時約在一九四五年秋。我的抄本一直珍藏身邊，偶爾取出翻閱。

二〇〇三年「非典」時期居家不出，筆者又以毛筆小楷重錄囊一遍。適有文雅堂主人來訪，建議正式印行，我未允；他又擄提出用宣紙仿真印刷若干，我同意。於是加上朱絲欄原大印刷二十冊，分贈幾位師兄同門及個別太極友人，今手頭僅存兩本。

就我所知，老師此書很少示人，便是弟子學生也不是輕易得見。老師允我回去抄錄，足見厚愛。在當時，有關秘本面市甚少，益見珍貴。尤覺可惜的是，恩師一九九七年五月二日歸道山後，此舊本已不知去向。亦曾詢問老師次子樹峻師兄及長女美江師姐，均言不在手中。好在恩師命我手錄一遍，得以存稿。冥冥之中，因緣甚妙。筆者雖不才，但少年嗜武好文，近年尤潛心於太極拳習研，偶筆之於文，當年師命或屬偶然，而正緣此才使珍貴文獻仍保存下來，以供世人研究。恩師所囑望於筆者，復何敢辭！恩師辭世已十三載，旋又近清明節，筆者僅以此文紀念恩師。他日或師藏本又能拂塵面世，深期望焉。

李經梧老師所藏《太極拳秘宗》係二十二開本大小，線裝手訂，深紫紅色書皮，約一公分厚，毛筆小楷，字跡端秀。尾頁原跋文為：「民國癸酉重陽前七日，鐵厂（音『ㄢ』，與『庵』字通）兄授以拳術並屬抄此譜，遂不敢計字之工拙，敬錄以呈。後學弟金宇宗繕本。」由此跋文看來，當年趙鐵庵命金宇宗抄錄了這本秘譜。但趙給金的底本是何人所藏已無從知曉。有一點是肯定的：金抄本是照底本抄錄的「繕本」，應該是全貌，就如筆者當年抄錄時一字不漏一樣。因此，雖非原本，但其抄錄皆忠實底本卻是一致的。

趙鐵厂所傳的金宇宗抄本，從「民國癸酉」來看，應抄錄於一九三三年。該譜前半部分即「太極功源流支派論」，後半部分即楊家「三十二目」。

目前所公開的宋氏《太極功源流支派論》抄本，主要有《太極功》（吳圖南藏本及抄本，見吳圖南講授、馬有清編著《太極拳之研究》）、《太極拳秘宗》（趙鐵厂藏本梅墨生抄本，見梅墨生、李樹峻編著《李經梧太極內功及所藏秘譜》）、《太極功源流支派論》（談士琦藏本範愚園再抄本，見宋書銘著、二水居士校注《太極功源流支派論》）、《太極拳法》（陳耀庭藏本，見宋書銘著、二水居士校注《太極功源流支派論》）。除了趙鐵厂藏《太極拳秘宗》梅抄本以外，其餘幾種均無目錄。而趙鐵厂《太極拳秘宗》梅抄本與張式聚《武當派拳集冊》最前面都有目錄。

《太極拳秘宗》《武當派拳集冊》前部目錄對照表

趙鐵厂《太極拳秘宗》（梅墨生抄本）	張式聚《武當派拳集冊》	備註
太極拳總綱目	太極拳總綱目	
宋氏家傳源流支派論	宋氏家傳源流支派論	
太極拳式名目	太極拳式名目	
八字歌	八字歌	
三十七心會論	三十七心會論	
三十七周身大用論	三十七周身大用論	
十六關要論	十六關要論	

（續表）

趙鐵厂《太極拳秘宗》（梅墨生抄本）	張式聚《武當派拳集冊》	備註
用功歌	功用歌	張式聚《武當派拳集冊》與其餘各本均為「功用」，僅趙鐵厂《太極拳秘宗》梅抄本為「用功」，很可能是趙本在抄錄過程中作了改動。
俞蓮舟得授全體	俞蓮得授全體	張式聚抄本大約漏抄一「舟」字
授秘歌	授秘歌	
太極別名十三式	太極別名十三式	
程先生小九天法式	程先生小九天法式	
觀經悟會法	觀經悟會法	
用功五志	用功五誌	
四性歸源歌	四性歸源歌	
	宋仲殊後天法	趙鐵厂《太極拳秘宗》梅抄本目錄中沒有最後面的這四項，但內文相關內容並無缺失。
	十不傳	
	四大忌	
	用功三小忌	

再將二者前面目錄作一對照，僅有少量因抄錄不仔細而出現的差異，大體幾乎一致。特別是前面都加上了「太極拳總綱目」，並且《宋氏家傳源流支派論》的標題與另外幾種本子的「宋氏家傳太極功源流支派論」「太極功源流支派考」均有不同，而明顯缺少「太極功」三字。

二者目錄的最大差異是張式聚《武當派拳集冊》目錄中有「宋仲殊後天法」「十不傳」「四大忌」「用功三小忌」。趙鐵厂《太極拳秘宗》梅抄本目錄中雖沒有此四者，但內文並不缺少這部分內容，不知從趙鐵厂那裏開始的多次轉抄，是否漏抄了底本目錄的內容；又或者王茂齋底本的目錄上本沒有此四者，而張式聚在抄錄時發現該目錄有遺漏，自己補上了？其中，後者的可能性比較大。

從張式聚抄本目錄影印件來看，其目錄分為上下兩排，上排由右到左分別是「宋氏家傳源流支派論」到「功用歌」，再轉為下排由右到左分別是「俞蓮（舟）得授全體」到「四性歸源歌」，亦即「由右而左，由上而下」的順序。

而最後的「宋仲殊後天法」「十不傳」「四大忌」「用功三小忌」四項，「宋仲殊後天法」「四大忌」二者接在上排「功用歌」的後面，「十不傳」「用功三小忌」二者接在下排「四性歸源歌」的後面，也就是改為「由上而下，由右而左」的順序，導致如不仔細看便會給人造成錯亂的感覺，據此可以推斷，張式聚抄本目錄的最後四項應是補入的。

張式聚的抄本，因僅得見最前面《太極功源流支派論》部分的目錄，該譜後半部分是否還有像趙鐵厂《太極拳秘宗》那樣的「三十二目」內容，尚不得而知。但從「集冊」二字，應不止宋氏《太極功源流支派論》的內容，後半部分極有可能便是「三十二目」。先將這一預判的謎底放在此處，以待日後揭示驗證。

既然張式聚這份功譜是當年王茂齋親自交給他讓抄錄保存的，如此來看，與之如出一轍的趙鐵厂《太極拳秘宗》，底本很可能也是來自其師王茂齋。或者說，趙鐵厂《太極拳秘宗》、張式聚《武當派拳集冊》這兩份抄本的底本，即是王茂齋手中保存的太極功譜。

至於趙張二本的題名不同，合理推斷，應是王茂齋保存的功譜封面並沒有題名，只是將宋氏《太極功源流支派論》與楊家「三十二目」合為一體後，在起首擬了個總名——「太極拳總綱目」。而張式聚、金宇宗抄本，都將「太極拳總綱目」視為內文中與「目錄」二字意義相當的內容，並在封面上各自增加了一個題名。

王茂齋保存的太極功譜底本，早已不知下落。好在趙鐵厂、張式聚分別傳下的抄本，大致可以作為副本來彌補這一缺憾。只是張式聚抄本，目前在其後人手中，一直處於保密狀態；而梅墨生先生公開的抄本，可以讓我們從中看到王茂齋所傳功譜的大致面目。

本書上篇《太極拳總綱目》（王茂齋傳太極功譜），主要依據趙鐵厂傳《太極拳秘宗》梅墨生再抄本整理，其中前半部分宋氏《太極功源流支派論》部分，與其他各抄本作了對照，明顯的缺漏、更動及訛誤處稍微作了調整；後半部分楊家所傳「三十二目」，與楊、吳兩家藏本影印件進行了對照，個別漏抄、更動及訛誤處也稍作復原。所調整、復原者，一般只是字詞語法，基本不關涉原義。

但需要特別說明的是，這裏只是為了呈現王茂齋所傳太極功譜的大概面貌，給王茂齋太極功傳習者一個聊勝於無的大致參考。作版本考據者自應以各原抄本為準，不必以此為據。

此外，值得一提的是，吳鑒泉等人在民國初期雖向宋書銘「叩首稱弟子，從學於宋」，並且據吳等人的學生王新午所說「宋氏家傳本，於民國初年宣露於世，前輩多抄存者，予於民國七年始得之。」而吳鑒泉所傳留到其子吳公藻手中的拳譜，卻只是被吳鑒泉題名為《太極法說》的那份源自楊家的「三十二目」拳譜，未見有宋氏《太極功源流支派論》傳下來。吳氏門生的著作中，除了吳圖南晚年的一些講述，也都幾乎見不到有關宋書銘及其太極功的記載。

宋氏《太極功源流支派論》，後來主要是在王茂齋的門人中流傳，並且對該譜較為重視，只是對宋書銘其人也大多默而不語，讓人浮想。

三、昭同門，序長幼——《太極功同門錄》

民國十八年（一九二九年），身在舊都北平的王茂齋的門人，組織刊印了《太極功同門錄》。這是王茂齋門下首次以印刷形式完成的第一份文獻資料。

作為「同學錄」性質的文本，該文獻並沒有署名主編者姓名，但從其中吳鑒泉弟子楊毓璋序中所言「己巳歲春間（按：即一九二九年春），同門兄彭仁軒召我，謂擬將同門兄弟以及所宗師之長者姓名、籍貫，切付諸石印」「仁軒之所輯此錄者，亦可謂是保我宗系之要籍」，可知該《同門錄》的策劃編輯者是彭仁軒。而彭仁軒也正是此後於民國二十二年（一九三三年）刊印的《太極拳詳解》的著作者。

綜合《太極功同門錄》《太極拳詳解》兩份文獻資料中與彭氏有關的記錄來看，其名廣義，別號仁軒，生於清光緒十六年（一八九〇年），籍貫河北任丘。自幼隨父入京，身弱多病，纏綿不癒，覓遍補救之方法，仍無效果。後聞友人談及太極拳可祛病延年，經全佑弟子郭松亭介紹拜王茂齋為師。學太極拳後每日飲食增加，身體益漸強壯。彭仁軒後來在前門外虎坊橋帳垂營北平軍分會尉官差遣隊當差，雖終日服務奔馳，亦不覺其勞苦，堅持練功十餘載，久而久之其病自失。其弟彭順義（壽延）亦拜王茂齋為師學太極功，同在北平軍分會尉官差遣隊當兵。

《太極功同門錄》由四部分組成：

一、序言（何純舒、鍾鵬年、金受申、楊毓璋、李翰章各一）；

二、《太極拳經》（包括《太極拳論》與《太極拳十三勢名目》）；

三、太極功統系表（包括從張三豐至吳全佑等，吳全佑至王有林、吳愛紳、郭芬，及王有林、吳愛紳、郭芬、趙崇佑、楊德山、彭廣義、王傑、吳潤澤各自傳人表）；

四、通信錄（包括同門師生的姓名、別號、年歲、籍貫、通信處，其中最前者是王茂齋師兄弟六人，並非完全以年齡為序，此後皆屬王、吳、郭三人的弟子門生，均以年齡長幼為序混同排列，年歲不清空缺者列於最後）。

《太極功同門錄》大約是我國民間武藝史上第一部公開刊印的門人譜。其中簡單記錄了太極拳的源流傳承關係，尤其是王茂齋、吳鑒泉、郭松亭三人及弟子門生。這為後人瞭解該同門群體的人物及師生傳承關係，留下了真實的記錄，甚至連每位人物的姓名、別號、年歲、籍貫、通信處等訊息都準確可查，難能可貴。

須略作說明的是，該同門錄並非完全無缺，尤其王茂齋、吳鑒泉的門人，尚有一些遺漏，如王茂齋之侄王歷生、之甥張式聚以及吳季康、李子固、董煥堂、易仲賢、陳子和、曹幼甫等，吳鑒泉之女吳英華等，均不在列，原因可能不一，有的也許是無意的疏漏；有的可能在編輯同門錄前後剛入門不久，尚未定性；有的可能是此後才師從於王、吳、郭等人。另外，還有一些特殊情況，以個人所知，此時剛年滿十八歲的劉光斗（又名光魁，字正剛，號元化），已向王茂齋學習多年，但《同門錄》中也不見劉的名字。如果說是無意疏漏，並非沒有可能。但仔細推敲，也許還有一些特殊原因。

劉光斗自幼曾隨京城譚腿門名家張玉連習藝多年，後從王茂齋習太極，其時，北京城中有一位八卦功的名家興石如，姓興，名福，字石如，正藍旗人，滿姓他塔喇氏（滿語 Tatara Hala，亦稱「他塔拉」或「他他拉」），辛亥後改隨漢姓「唐」，因而又有作唐石如、唐興福。與其師宋永祥（董海川弟子）一樣，興石如早年亦自外家入門，後師從於宋，又曾從劉德寬習六合大槍等。興石如自民國初期開始即在許禹生創辦的京師體育研究社任教員，平日與王茂齋常有往來，但歲近晚年一直沒有真正的徒弟。

而劉光斗的習藝歷程和功底又與宋永祥、興石如類似，王茂齋便將劉光斗薦與興石如，讓劉正式拜興石如為師。同時，王茂齋也讓其子王子英一起去從興師學。也就是說，劉光斗最終是歸在興石如八卦門下的。

總而言之，並不能完全以該同門錄來判定王、吳、郭的全部門人，只能說是截至民國十八年（一九二九年）的大致情況。

由於該文獻並非正式出版，只是刊印後作為內部資料分發保存，原本數量極少，歷經時代動盪劫難，幾成絕本，世所罕見。以個人所知，在王茂齋兩位門人張式聚、鄭和春的後人處，各有一份尚存，難得一見。二〇一三年北京吳式太極拳研究會續修的《太極功同門錄》中，已根據複印件作了整理披露，雖未能見到廬山真容，卻可得知其中大致的文字內容，聊勝於無。

本書呈現者，是根據所收集到的一份修補殘缺本複印件、一份抄錄增續本複印件，與二〇一三年續修本中的文字內容進行了核對校正，復原而成，以供王茂齋、吳鑒泉、郭松亭等的太極功後傳者參考。

四、王茂齋門下首部太極拳著作——《太極拳詳解》

民國十六年（一九二七年），南京國民政府成立後，一大批軍政要員倡導「國術」，由首都南京到各省縣設立了國術館系統，各大城市的軍警系統、學校以及相關社會團體也紛紛組織活動，國術運動聲浪迭起，太極拳術也隨之風靡全國。作為舊都北平軍分會尉官差遣隊成員的王茂齋弟子彭仁軒，奉命將太極拳列入日課，指導隊員。為便於指導，又奉命「編輯成書，以資佐證」。

民國二十二年（一九三三年），彭仁軒編著的《太極拳詳解》正式刊行。這也是王茂齋門下的第一部太極拳著作，它是在王茂齋、吳鑒泉等人在世期間編印而成的，雖然其「作始也簡」，而對後世傳習者卻是難得的早期範本，別具參考價值。

《太極拳詳解》封面之內，即為王茂齋半身肖像，背面為著作者彭仁軒肖像，隨後分別是吳佩孚、江朝宗、榮臻、楊壽樞、夏仁虎、金紹曾、惲寶惠、王琦、齊振林、張瞻庵、陸哀、謝霈、楊曼青、蘇世榮、趙得嶺題詞，楊曼青、李振彪序言，作者彭仁軒自序，張思慎、陳雨序言，以及目錄。主要內容為十章廿六節。書後為王國梁、彭順義跋語。

經與多種資料對照，《太極拳詳解》主要廿六節內容的十節來自楊家所傳「三十二目」；六節來自楊家流傳的《太極拳譜》（即王宗岳《太極拳論》及武禹襄、李亦畬著述）；四節來自宋氏《太極功源流支派論》。

該書主體為第七章「太極拳各式圖解」部分，約占全書版面的三分之二。與民國十年（一九二一年）版的許禹生《太極拳勢圖解》對照，可以發現《太極拳詳解》的這部分內容，主要參考了許著，在此基礎上，根據王茂齋所傳拳架調整而成。

《太極拳詳解》內容來源對照表

《太極拳詳解》目錄		來源	備註
第一章	第一節　三豐祖師列傳	節錄清代汪錫齡《三豐先生本傳》（收錄於清・李西月重編《張三豐先生全集》卷一）	
第一章	第二節　三豐祖師以武事得道論	楊家所傳「三十二目」拳譜之「張三豐以武事得道論」	
第二章	第一節　太極拳之傳流	節錄許禹生《太極拳勢圖解》（民國十年版）第五章「太極拳之流派」，並增加了全佑後傳的內容，即「至保亭先生為人和藹，生平不輕與人較技，即較技亦必讓人三	

（續表）

《太極拳詳解》目錄		來源	備註
第二章		著，蓋其天性使然也。得其傳者，僅王有林字茂齋，郭芬字松亭，吳愛紳字鑒泉。王茂齋先生性質樸實，造詣精純，更能博通內外諸家，其太極工夫，已至爐火純清，登峰造極，凡有就學之者，並不吝珠玉，傾心教而授之。得其傳者，有彭廣義（字仁軒）等，約數百餘人，均受業焉。	
第二章	第二節　太極拳論	節錄楊家流傳《太極拳譜》之「山右王宗岳先生太極拳論」	李亦畬手抄「老三本」中作「山右王宗岳太極拳論」
第三章	第一節　太極拳釋名	節錄楊家流傳《太極拳譜》之「山右王宗岳先生太極拳論」	李亦畬手抄「老三本」中作「十三勢，一名長拳，一名十三勢」
第三章	第二節　太極圈歌	楊家所傳「三十二目」拳譜之「太極圈」	

（續表）

《太極拳詳解》目錄		來源	備註
第四章	第一節　太極八門五步法	楊家所傳「三十二目」拳譜之「太極圈」	
	第二節　太極四時五氣圖附說明	楊家所傳「三十二目」拳譜之「太極四時五氣解圖」	
第五章	第一節　太極十三式總論	節錄楊家流傳《太極拳譜》之「太極拳論」	節錄李亦畬手抄「老三本」中作「解曰」
	第二節　太極十三式行功心解	楊家流傳《太極拳譜》之「十三勢行功心解」	節錄李亦畬手抄「老三本」中作「打手要言」及「解曰」「又曰」
	第三節　太極十三式行功歌	楊家流傳《太極拳譜》之「十三勢歌」	李亦畬手抄「老三本」中作「十三勢行功歌訣」
第六章	第一節　用功四忌	《太極功源流支派論》之「此書有四忌」	
	第二節　用功三小忌	《太極功源流支派論》之「用法三小忌」	
	第三節　用功五誌	《太極功源流支派論》之「用功五誌」	

（續表）

《太極拳詳解》目錄		來源	備註
第七章	第一節　太極拳各式名稱及目次		
	第二節　太極拳連貫教練路線圖		
	第三節　太極拳各式圖解		
第八章	第一節　太極虛實開合論附圖		李亦畬手抄「啟軒本」之「論虛實開合」
	第二節　太極拳懂勁先後論	楊家所傳「三十二目」拳譜之「懂勁先後論」	
第九章	第一節　四正推手歌後附推手圖	節錄楊家流傳《太極拳譜》之「打手歌」及「十三勢行功心解」	節錄李亦畬手抄「老三本」之「打手歌」及「又曰」
	第二節　粘黏連隨解	楊家所傳「三十二目」拳譜之「粘黏連隨」	
	第三節　太極輕重浮沉解	楊家所傳「三十二目」拳譜之「太極輕重浮沉解」	

（續表）

《太極拳詳解》目錄	來源	備註
第十章		
第一節　太極四隅推手解　後附圖	楊家所傳「三十二目」拳譜之「太極四隅解」	
第二節　頂匾丟抗論	楊家所傳「三十二目」拳譜之「頂匾丟抗」	
第三節　對待無病論	楊家所傳「三十二目」拳譜之「對待無病」	
第四節　觀經悟會論	《太極功源流支派論》之「觀經悟會法」	

彭仁軒編著的《太極拳詳解》一書，大致本著「述而不作」的原則，體現了對前人所傳的繼承，當然也可能個人知識學養所限，沒有過多闡發個人的分析和體會，因而看起來稍顯簡陋。可是，這卻是王茂齋門下太極拳專著的開端。按照彭仁軒的計畫，在編印完成《太極功同門錄》《太極拳詳解》之後，還要將「太極劍、太極刀、太極槍等項」「全部續出，方為完整」。由此，或許可以大致呈現王茂齋所傳「太極功」的全部內容。可惜，彭仁軒其人後來的

人生走向無從知悉，也未再見到相關著述的問世。作為當時的一位軍人，不知是否在幾年後的抗戰中已為國捐軀。無論怎樣，他在前期所做的這兩項工作，卻為後人認識那段歷史真相提供了可貴的資料。

粗略琢磨，《太極拳詳解》一書大約有如下幾點意義：

（一）呈現了楊家所傳兩種拳譜的相關內容

以今人的後見之明看去，楊祿躔及班侯、健侯父子所傳下的太極拳文獻，主要為三類：一是從同鄉武禹襄處得來的王宗岳《太極拳論》及武禹襄、李亦畬等人著述，該譜在楊家門人中相對較為公開；二是被後人俗稱為「三十二目」的拳譜，該譜在很長一段時期內一直較為隱秘；三是楊班侯、楊健侯等人的歌訣及經驗之言等。

對照後來公開的李亦畬手抄本來看，晚清時期楊家從武禹襄處所得的拳論，大約在京城又經過楊家拳傳習者的潤色調整，並被陸續傳抄開來，在流傳過程中可能也有所修飾調整。彭仁軒《太極拳詳解》中所選戴的幾篇王宗岳《太極拳論》及武禹襄、李亦畬等人著述，大多是在楊家經過潤色調整後的。

值得留意的是，彭仁軒《太極拳詳解》中收錄的「太極虛實開合論附圖」，只是李余畲「老三本」之一「啟軒本」（李亦畬贈予胞弟李啟軒之手抄本）所有，王宗岳《太極拳論》也並未採取楊家拳學者潤色增添了「動靜之機」的表述。

南京國民政府時期，李啟軒之孫李福蔭在永年的河北省立第十三中學任教期間，將家藏之「啟軒本」重新編次油印贈人。因而，彭仁軒《太極拳詳解》中的部分內容很可能是源自當時公開的「啟軒本」。

楊家所藏「三十二目」拳譜的部分內容，最早是在董英傑協助其師楊澄甫編輯的《太極拳使用法》中公佈的。該書於民國二十年（一九三一年）由上海文光印務館印製、神州國光社發行。

其中公佈了楊家所存「三十二目」拳譜中的十五目，即：第一目「八門五步」、第二目「八門五步用功法」、第四目「粘黏連隨」、第五目「頂匾丟抗」、第六目「對待無病」、第七目「對待用功法守中土」、第八目「身形腰頂」、第九目「太極圈」、第十一目「太極上下名天地」、第十六目「八五十三勢長拳解」、第十七目「太極陰陽顛倒解」、第十九目「太極分文武三成解」、第二十二目「太極輕重浮沉解」、第二十六目「太極血氣根本解」、第二十八目「太極尺寸分毫解」。在《太極拳使用法》面世不久，楊澄甫即令把未售之書全部收回並焚毀，因此該書流傳不廣。此時身在北平的王茂齋及其門，是否得見該書，也屬未知。

王茂齋弟子彭仁軒於民國二十二年（一九三三年）刊印的《太極拳詳解》，是緊接楊澄甫《太極拳使用法》之後，第二部公佈了楊家所傳「三十二目」拳譜內容的著作，選取了十篇，即「張三豐以武事得道論」「太極圈」「八門五步」「太極四時五氣解圖」「懂勁先後論」「粘黏連隨」「太極輕重浮沉解」「太極四隅解」「頂匾丟抗」「對待無病」。

其中，「張三豐以武事得道論」「太極四時五氣解圖」「懂勁先後論」「太極四隅解」四篇，是楊澄甫《太極拳使用法》中所未披露的。因而可以推測，彭仁軒在編書之時，所參考的「三十二目」拳譜底本，並非可以推測，彭仁軒在編書之時，所參考的「三十二目」拳譜底本，並非來自楊澄甫《太極拳使用法》，而是另有來源。

作為全佑的大弟子、吳鑒泉的師兄，王茂齋手裏所保存的《太極拳總綱目》功譜，其中後半部分的「三十二目」內容，很可能是直接抄錄自吳家藏本。而作為王茂齋弟子的彭仁軒，在編寫《太極拳詳解》時，披露了從其師王茂齋處得見的《太極拳總綱目》功譜內容，也是合情合理，順理成章。

（二）最早以印刷形式公開了《太極功源流支派論》的部分內容

《太極功源流支派論》，又有作《宋氏家傳太極功源流支派論》，內稱為張三豐弟子宋遠橋所作。該譜為較多人所知，約在民國初期，並且是隨著宋書銘（碩亭）的出現而漸為人所知的。後人更進一步認定，該譜很可能是宋書銘本人托名其先祖而作。

目前所知，最早透露了《太極功源流支派論》內容的著作，大約是民國十年（一九二一年）許禹生的《太極拳勢圖解》。該書第五章「太極拳之流派」中所述及的「許宣平……宋遠橋；李道子——俞清慧、俞一誠……俞蓮舟、俞岱岩；韓拱月——程靈洗……程珌；胡鏡子——宋仲殊——殷利亨；張三豐——張松溪、張翠山」這一傳承脈絡，即源自《太極功源流支派論》。許著以後，長期未見其他著述涉及《太極功源流支派論》中的具體內容，而於民國二十二年（一九三三年）刊印的彭仁軒編著《太極拳詳解》中摘選了「用功四忌」「用功三小忌」「用功五誌」「觀經悟會論」，雖然所選內容很少，卻是目前所最早以印刷形式披露了《太極功源流支派論》具體拳訣內容的著作。並且，這些內容很可能也是來自王茂齋所保存的《太極拳總綱目》功譜。

不過，王茂齋的門人彭仁軒所編的《太極功同門錄》《太極拳詳解》，在傳承源流方面，不知有意還是無意，均未述及《太極功源流支派論》中的源流脈絡，亦未言及對全佑的幾位門人影響較大的宋書銘。這算是維護源自全佑的門戶，還是對宋書銘與衆人相約「秘不傳人」的尊重？無從確知。

（三）王茂齋門下首部太極拳著作，可見王茂齋所傳太極功的拳架樣式

晚年身在上海的吳鑒泉，曾拍過兩套拳照傳世，讓後人對其拳架樣式有據可依。而王茂齋卻沒有給後人留下整套的拳照，這對以他為宗的後世傳習者來說，殊為憾事。可是，彭仁軒編著《太極拳詳解》之時，其師王茂齋尚在世，當時編書不易，雖然動作為簡單圖畫勾勒，但彭仁軒必然也是忠於其師所傳而不會隨意編造的。

由《太極拳詳解》一書，可以看到王茂齋所傳太極拳架的大致原貌，與吳鑒泉式「斜中寓正」的架勢有所不同，王傳太極的定勢是相對中正的，這與民

國十年（一九二一年）版許禹生《太極拳勢圖解》中的拳勢，以及民國十四年（一九二五年）版陳微明《太極拳術》中所採用的楊澄甫早期拳照，從定勢上看幾乎沒有太大差別，只是在單鞭、白鶴晾翅等一些具體動作上有所不同。至於全佑一脈所精擅的細膩柔化，從這些落在紙面上的定勢中，無法展現，也就無從作具體分析了。

附論：架勢演化與「吳式太極拳」由來

從晚清到民國時期，太極拳的架勢和趟路，實際一直因人而異，變動不居。從源頭上看，楊祿蟬之子楊班侯、楊健侯的架勢便不相同，楊健侯之子楊少侯、楊澄甫也相差甚遠。即便湯澄甫本人的架勢，將一九二五年其徒陳微明出版的《太極拳術》與一九三一年董英傑協助編輯的《太極拳使用法》對照來看，差別不小。

由楊家派生出來的三位旗人萬春、凌山、全佑，也是「一勁剛，一善發人，一善柔化，或謂三人各得先生之一體，有筋、骨、皮之分。」再細看全佑的門徒吳鑒泉的架勢，目前可以看到最早的大約是一九二九年春上海九福公司初版發行的《康健指南》（太極拳全圖），其中的「太極拳全圖」便是吳鑒泉的太極拳照，僅是照片，沒有具體動作說明。

其次是陳振民、馬岳梁所著一九三五年初版的《吳鑒泉氏的太極拳》，其中所用的是吳鑒泉的另一套拳照，拳勢之間的過渡部分由其婿馬岳梁拳照補充。對照來看，吳鑒泉本人在短短幾年內的架勢就已發生變化。

近半個世紀之後的一九八〇年，香港以《吳家太極拳》之名，再版吳鑒泉之子吳公藻於一九三六年編著的《太極拳講義》，附錄了《吳鑒泉氏的太極拳》所用的那套吳鑒泉拳式照片，同時也附錄了吳公儀的全套拳照，可以看到吳公儀的架勢與其父吳鑒泉也大不一樣。

吳鑒泉以外，全佑的其餘弟子都沒有拳照傳世。劉彩臣的拳勢，可參考其徒李先五一九三三年出版的《太極拳》；常遠亭的拳架樣式，可借其後傳樊繼芬《常式太極拳》（一九九一年）、汪波《全佑老架太極拳》（二〇〇一年）、劉泰山《宮廷常式太極源流與精要》（二〇一三）等想像大概；王茂齋的拳勢，可以參考其弟子彭廣義（仁軒）於一九三三年刊印的《太極拳詳解》，當時王茂齋本人仍在世，其中所公佈的太極拳勢雖只是手繪，卻可以看出其動作較為開展且中正，與今天習見的吳式太極拳樣式也是存在一定差異。

即便王茂齋的門人，楊禹廷、修丕勛、朱家和、劉光斗、張式聚、鄭和春……所傳下來的架勢各是各的面目，作為楊禹廷弟子的王培生、李經梧等人的拳架與其師也並不相同。以個人所知，劉光斗的兩位傳人劉晚蒼、劉煥烈的拳架亦不一致。

因此，太極拳的架勢，實際也是有生命力的，不是固化、僵死的，而是生生不已的。前人授技、學藝，並不強求外在層面的形似，而更重內在之道。或者說拳架只是各人所領悟的太極內在核心之道的外在展現形式，核心之外的樣式，在模仿師輩架勢的基礎上，可以隨著個人性情、悟性、功力、體型、年齡等多方面因素，不斷作動態的調整，以符合各自所體悟的合理狀態。

由此來說，太極拳的外在架勢，實際不必強求千人一面，搞出所謂規定套路或標準動作，以此作為賽場的評判標準；也不必門戶見識，是己非人。父子相傳、一師二徒，便不可能毫無分別。個人早年與晚年的架勢，也不會絕對不變。所謂「理一分殊」，求同存異，交流印證，或許才有正道。

今天一般將吳鑒泉、王茂齋所傳的太極拳，習稱為「吳式太極拳」。也有人不滿於體操化、科學化的規定套路的「吳式太極拳」，將自身有傳承淵源的太極拳稱為「吳氏太極拳」。

從清末到民國時期，雖然旗人全佑的傳人在北京城中逐漸發展為幾乎與楊家並列的支派，但始終並沒有「吳式太極拳」這一說法。太極功的核心本是一陰一陽之道，外在形式不是僵死固定的，從外形層面與他人不同做出分別而標新立異，本不可取。楊家三代人的架勢各異，本不固化，由楊家衍生出的支派的架勢不固定，也是理所當然。

王茂齋在世期間，以他為宗的師生眾人往往稱所傳習的技藝為「太極」或「太極功」，並沒有冠以姓氏派別。這種做法大致還是延續了從清末到民國初期北京城的老傳統，那時太極被視為一家，並無明顯分別。

一九二七年南京國民政府成立後，原本以北京為中心的北方眾多拳術名家相繼受聘南下，集中於南京、上海一帶。特別是在此前後，河南溫縣陳家溝的幾位拳師相繼進入北京、南京等都會，逐漸為外界所知，讓不少人在對比之下，看到「太極」的巨大差異。

在這一時期，由於從中央到地方的國術館系統相繼設立，國術考試、比賽、表演活動不斷進行，全國的拳師與拳手時常聚集。在此背景下，同樣是習練太極拳，因師承不同，而架勢各異。所以，在南京、上海一些國術活動的名單中有時會標明師承淵源，比如，孫祿堂太極拳、楊澄甫太極拳、吳鑒泉太極拳、陳子明太極拳……與此同時，有關河南溫縣陳家溝的太極拳的專著率先標明了姓氏，例如：一九三二年，中央國術館與河南省國術館審定的陳家溝陳子明所呈送的《陳氏世傳太極拳術》在上海正式出版；一九三三年，陳鑫的《陳氏太極拳圖說》在開封正式出版。

後來，陳照丕（績甫）所編的《陳氏太極拳匯宗》於一九三五年十月在南京出版，均冠以姓氏。

在此環境下，一九三五年五月，上海康健雜誌社發行了陳振民、馬岳梁編著的太極拳專著，書名為《吳鑒泉氏的太極拳》。這是全佑一脈傳人的著作中，明確標明姓氏的發端。

新中國成立後，人民體育出版社一九五八年七月出版了吳鑒泉弟子徐致一的著作，名為《太極拳（吳鑒泉式）》。該書前言第一句就明確說明「本書所介紹的拳式是已故太極拳專家吳鑒泉先生的拳式。」一九六四年八月第五次印刷時，徐致一重新修改和補充後，改名為《吳式太極拳》。這也正是「吳式太極拳」的真正來歷。在後來《吳式太極拳》這本書的「吳式太極拳簡介」中，更進一步明確說明，該書非但只是吳鑒泉的拳式，並且「係吳鑒泉晚年所傳授的拳式」。所以，「吳式太極拳」實即「吳鑒泉氏」或「吳鑒泉式」的太極拳架勢。或者明確地說，「吳式太極拳」就是指吳鑒泉本人的架勢而言，並不是全佑的其他門人的架勢。

而全佑其他門人的架勢與吳鑒泉也是有所差異的。像徐致一《吳式太極拳》中的「吳式太極拳簡介」所言，「吳式太極拳始於滿族人全佑（一八三四年—一九〇二），後經其子吳鑒泉（從漢姓吳，一八七〇—一九四二）加以改進修潤而形成一個流派。」

吳鑒泉傳人的著作大多不提王茂齋、郭松亭、常遠亭等，從源頭上追溯全佑，然後就是到吳鑒泉。以吳鑒泉作為「吳式太極拳」的真正宗師，也是無可厚非。就連一九八四年出版的王力泉、王輝璞所著《吳氏簡化太極拳》一書中，也承認「吳氏太極拳始於吳鑒泉」。

當新中國成立之初推出陳、楊、吳、武、孫等幾大代表作後，天下太極隨即自然畫分出幾大派，特別是北京以王茂齋為宗的傳習者，都主動或被動地畫入了「吳式太極拳」當中。尤其是以王茂齋為中心的所謂「吳式太極拳」的「北派」傳習者，往往認為自己的「吳式太極拳」是跟吳全佑姓，亦即由旗人全佑所傳者，即為「吳式太極拳」。

本人認為，這可能只是一廂情願的認定，並不符合歷史演化的真實。在這種情況下，就吳鑒泉的後傳們不承認王茂齋的後傳為「吳式太極拳」，實際也是理所當然，還不如以「太極功」或就近以「王茂齋太極拳」相稱更好。

「太極」的核心大約只是一個，在外在架勢上做分別、冠姓氏、畫派分的做法，實際並不高明。或者追根溯源均以「太極」「太極拳」或者說「太極功」相稱便是；或者採取西漢「推恩令」方式，就近表明師承淵源，如楊禹廷太極拳、吳圖南太極拳、劉晚蒼太極拳、李經梧太極拳、王培生太極拳……如此之類，化大為小，或許更有利於消弭先入為主的大派隔閡，增進細微交流。

進而言之，當今太極拳真正需要深入切磋、探討的，主要不是拳架子的差異，仍當是養生與技擊兩大核心問題，這與前人面對的問題實際一樣。對於內家拳來說，養生與技擊這兩者又不是截然分開，所以兩大問題也許本是一個問題。

簡而言之，就是如何修出太極之體，以達到養生與技擊兼備的效果。這是太極拳的活生生的內在靈魂，也是真正能夠讓人受益的所在。而這一核心問題在當今泥沙俱下的潮流中愈發顯得緊要。

脫離靈魂求發展，不求內在一致而重外在分別，只能是《老子》所說的「其出彌遠，其知彌少」。只是歷史演化至此，固定僵化局面漸成，何時能夠突破化解，或許只能有待將來。

季培剛

目錄

中篇　太極功同門錄……一四九

下篇　太極拳詳解

上篇

王茂齋傳太極功譜

太極拳總綱目

宋氏家傳太極功源流支派論　宋遠橋緒記

所爲後代學者不失其本也自余而上溯始得太極之功者授業於唐于歡子許宣平也至余爲十四代焉有斷者有繼者

許先師係江南徽州府歙縣人隱城陽山即本府城南紫陽山結簷南陽關穀身長七尺六髯長至臍髮長至足行及奔馬每負薪賣於市中獨吟曰負薪朝出賣沽酒日夕歸借問家何處穿雲入翠微李白訪之不遇題詩望仙橋而回所傳太極拳功名三十七因三十七式而名之又名長拳者所謂滔滔無間也總名太極拳三十七式名目書之於後

四正　四隅　雲手　彎弓射雁　揮琵琶　進搬攔　簸箕式　鳳凰展翅
雀起尾　單鞭　上提手　倒攆猴頭　摟膝拗步　肘下捶　轉身蹬腳
上步栽捶　斜飛式　雙鞭　翻身搬攔　玉女穿梭　七星八步　高探馬
單擺蓮　上跨虎　九宮步　攬雀尾　山通背　海底珍珠　彈指擺蓮
轉身指點捶　雙擺蓮　金鷄獨立　泰山生氣　野馬分鬃　如封似閉
左右分腳　挂樹踢腳　八方掌　推礙　二起腳　抱虎推山　十字擺蓮

此通共四十三手四正四隅九宮步七星八步雙鞭雙擺蓮在外因自己多坐用的功夫其餘三十七數是先師之所傳也此式應一式鍊成再鍊一式萬不可心急齊用三十七式御無論何式先何式後只要一一將式用成自然三十七式皆化爲相連不斷矣故謂之曰長拳腳蹴五行懷藏八卦腳之所在爲中央之土則可定乾南坤北離東坎西掤擴擠按四正也採挒肘撩四隅也

八字歌

掤捋擠按世間稀十個藝人十不知若能輕靈並堅硬沾連粘隨俱無疑採挒

掛擋更出奇行之不用費心思果能沾連粘隨意得其寰中不支離

三十七心會論

腰脊爲第一之主宰　猴頭爲第二之主宰
心地爲第三之主宰　丹田爲第一之賓輔
掌指爲第二之賓輔　足掌爲第三之賓輔

三十七周身大用論

一要心性與意靜自然無處不輕靈二要遍體氣流行一定繼續不能停三要猴頭永不拋問盡天下衆英豪如詢大用緣何用表裏精粗無不到

十六關要論

活潑於腰　靈機於頂　神通於背　不使氣流行於氣
行之於腿　蹬之於足　運之於掌　足之於指
斂之於髓　達之於神　凝之於耳　息之於鼻
呼吸往來於口　縱之於膝　渾靈一身　全體發之於毛

功用歌

輕靈活潑求懂勁陰陽既濟無滯病若想四兩撥千斤開合鼓蕩主宰定

俞家江南寧國府涇縣人太極功名曰先天拳亦曰長拳得唐李道子所傳道子係江南安慶人至宋時與游酢莫逆至明時李道子常居武當山南岩宮不火食第啖麥麩數合故又名夫子李也見人不及他語惟云大造化三字既云唐人何以知之明時之夫子李即是李道子先師也緣余上祖游江南涇縣俞家方知先天拳亦如余家之三十七式太極之別名也而又知俞家是唐時李道子所傳也俞家代代相承之功每歲往拜李道子廬至宋時尙在也越代不知李道子所往也

至明時余同俞蓮舟遊湖廣襄陽府均州武當山夫子李見之叫曰 徒再孫焉往蓮舟抬頭一看斯人面垢正厚髮長至地味臭蓮舟心怒曰爾言之太過也吾觀汝一掌必死耳去罷夫子云 徒再孫我看看你這手蓮舟上前掤連捶未依身則起十丈許落下未折壞筋骨蓮舟曰你總用過功夫不然能制我者鮮矣夫子李曰你與俞清慧俞一誠認識否蓮舟聞之悚然皆余上祖之名也急跪曰原來是我之先祖師至也夫子李曰我在此幾十韶光未語今見你誠哉大造化也授你如此如此蓮舟自此不但無敵而後亦得全體大用矣

余與俞蓮舟俞岱岩張松溪張翠山殷利亨莫谷聲久相往來金陵之境夫子李先師授俞蓮舟秘歌云

無形無象　全身透空　應物自然　西山懸磬　虎吼猿鳴　水清河靜
翻江播海　盡性立命

此歌余七人皆知其句後余七人同往拜武當山夫子李不見道經玉虛宮在太和山元高之地見玉虛子張三丰也張松溪張翠山師也 身長七尺有餘鬚美如戟寒暑爲箬笠日能行千里自洪武初至太和山修煉余七人共拜之耳提面命月余後歸自此不絕往拜 玉虛子所傳惟張松溪張翠山拳名十三式亦太極功別名也 又名長拳十三式名目並論說列於後

程靈洗字元滌江南徽州府休寧人授業韓拱月太極之功成大用矣侯景之亂惟歙州保全皆靈洗力也梁元帝授以本郡太守卒謚忠壯至程珌爲紹熙中進士授昌化主簿累官權吏部尙書拜翰林學士立朝剛正風裁凜然進封新安郡侯以端明殿學士致仕卒珌居家常平糶以濟人凡有利衆者必盡心爲所著有落水集珌將太極拳功立一名爲小九天雖珌之遺名小九天書韓傳者 不敢忘先師之授也

小九天法式

七星八步　開天門　什錦背　提手　臥虎跳澗　單鞭　射雁　穿梭

白鶴升空　大擋捶　小擋捶　葉裏花　猴頂雲　攬雀尾　八方掌

觀經悟會法

太極者非純工於易經不能得也以易經一書必須朝夕悟在心內會在身中超以象外得其寰中人所不知而獨知之妙若非得師一點心法之傳如何能致我手之舞之樂在其中矣

用功五誌

博學 是多功夫　審問 不是口問是聽勁　慎思 聽而後留心相念

明辨 生生不已　篤行 如天行健

四性歸原歌

世人不知己之性何能得知人之性物性亦如人之性至於天地亦此性我賴天地以存身天地賴我以緻局若能先求知我性天地受我偏獨靈

後天法之緣起

胡鏡子在揚州自稱之名不知姓氏乃宋仲殊師也仲殊安州人嘗遊姑蘇台柱上倒書一絶云天長地久任悠悠你旣無心我亦休浪迹天涯人不管春風吹笛酒家樓仲殊所傳股利亨太極拳 名曰後天法亦是掤攦擠按採挒肘撐也然而式法名目不同其功用則一如一家分居各有所爲也然而根本非兩事也

後天法目

陽搠　陰搠　遮陰搠　晾陽搠　搠裏槍　肘開花　八方捶　陰五掌

陽五掌　單鞭搠　雙鞭搠　臥虎搠　雲飛搠　研磨搠　山通搠

兩膝搠　一膝搠

以上乃太極功各家名目因余身臨其境並得良友往來相助皆非作技藝觀者人也一家人恐其久而差也故筆之於書以授後人玩索而有得爲則終身用之有不能盡者矣其餘太極再有別名目拳法惟太極則不能兩說也若太極說有不同斷乎不一家也卻無論功夫高低上下一家人並無兩家話也自上之先師而上溯其根源東方先生再上而溯始孟子當列國紛紛固將立命之功所謂 養我浩然之氣塞於天地之間欲大成者則化功也小成者武事也立命之道非氣體之充胡能也由立命以盡性至於窮神達化自天子至於庶人何莫非誠意正心修身始也書及後世萬不可輕洩傳人若謂不傳人當年先祖師何以傳至余家也卻無論親朋遠近所傳者賢也遵先師之命不敢妄傳後輩如傳人之時必須想余緒記之心血與先師之訓誨可也

此書十不傳

一不傳外教　二不傳無德　三不傳不知師弟之道者　四不傳守不住者　五不傳半途而廢者　六不傳得寶忘師者　七不傳無納履之心者　八不傳好怒好惱者　九不傳外欲太多者　十不傳匪事多端者

此書有四忌

忌飲過量之酒　忌當色者夫婦之道要將有別字認清　忌無義之財　忌動不合中之氣一飲一啄在內

用功三小忌

吃食多　水飲多　睡時多

四刀十三式

騰挪閃展　左顧右盼　白鶴亮翅　推窗望月　玉女穿梭

上三開　轉身踢腳　打虎二起腳　斜身踢腳　蹲身飛腳

順水推舟　下雙鞭　臥虎跳澗

目錄

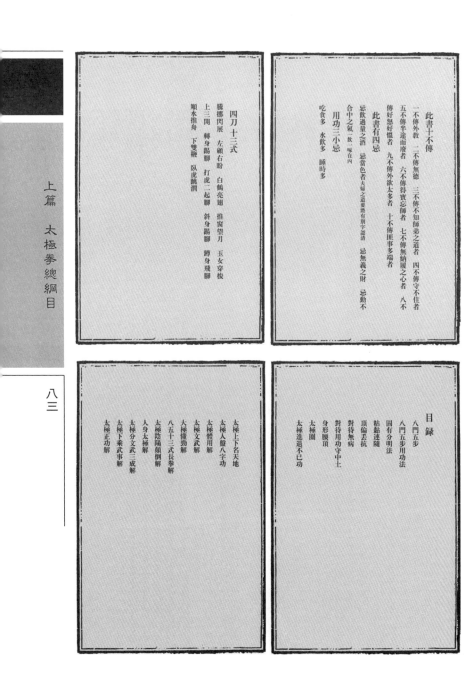

八門五步

掤南	擺西	擠東	按北	採西北	挒東南	肘東北	撐西南	方位
坎	離	兌	震	巽	乾	坤	艮	八門

方位八門乃爲陰陽顛倒之理周而復始隨其所行也總之四正四隅不可不知矣夫掤擺擠按是四正之手採挒肘撐是四隅之手合隅正之手得門位之卦以身分步五行在意 支撐八面五行者進步火退步水左顧木右盼金定之方中土也夫進退爲水火之步顧盼爲金木之步以中土爲樞機之軸 懷藏八卦腳跐五行手步八五其數十三出於自然十三勢也名之曰八門五步

八門五步用功法

八卦五行是人生成固有之良必先明知覺運動四字之本由知覺運動得之後而後方能懂勁由懂勁後自能接及神明然用功之初 要知知覺運動雖固有之良亦甚難得之於我也

固有分明法

蓋人降生之初目能視耳能聽鼻能聞口能食顏色聲音 香臭五味皆天然知覺固有之良其手舞足蹈於四肢之能皆天然運動之良思及此是人孰無因人性近習遠失迷固有要想還我固有非乃武無以尋運動之根由非乃文無以得知覺之本原是乃運動而知覺也夫運而知動而知不運不覺不動不知運極則爲動覺盛則爲知動知者易運覺者難先求自己知覺運動得之於身自能知人要先求知人恐失於自己不可不知此理也夫而後懂勁然也

粘黏連隨

粘者提上拔高之謂也　　黏者留戀繾綣之謂也

連者舍己無離之謂也　　隨者彼走此應之謂也

要知人之知覺運動非明粘黏連隨不可斯粘黏連隨之功夫亦甚細矣

頂匾丟抗

頂者出頭之謂也　　匾者不及之謂也

丟者離開之謂也　　抗者太過之謂也

要知于此四字之病不但粘黏連隨斷不明知覺運動也初學對手不可不知也更不可不去此病所難者粘黏連隨而不許頂匾丟抗是所不易矣

對待無病

頂匾丟抗失於對待也所以爲之病者既失粘黏連隨何以獲知覺運動既不知己焉能知人所謂對待者不以頂匾丟抗相對於人也要以粘黏連隨等待於人也能如是不但無對待之病知覺運動自然得矣可以進於懂勁之功矣

對待用功法守中土 俗名站樁

定之方中足有根先明四正進退身掤握擠按自四手須費功夫得其眞身形腰頂皆可以粘黏連隨意氣均運動知覺來相應神是君位骨肉臣分明火候七十二天然乃武並乃文

身形腰頂

身形腰頂豈可無缺一何必費工夫腰頂窮研生不已身形順我自伸舒舍此眞理終何極十年數載亦糊塗

太極圈

退圈容易進圈難不離腰頂後與前所難中土不離位退易進難仔細研此爲動功非站定倚身進退並比肩能如水磨摧急緩雲龍風虎象周旋要用天盤從此覓久而久之出天然

太極進退不已功

掤進握退自然理陰陽水火相旣濟先知四手得來眞採挒捌擠方可許四隅從此演出來十三勢架永無已所以因之名長拳任君開展與收斂千萬不可離太極

太極上下名天地

四手上下分天地採挒捌擠由有去採天擠地相應求何患上下不旣濟若使挒捌習遠離迷了乾坤遺歎惜此說亦明天地盤進用捌挒歸人字

太極人盤八字歌

八卦正隅八字歌十三之數不幾何幾何若是無平準丟了腰頂氣歎哦不斷要言只兩字君臣骨肉細琢磨功夫內外均不斷對待數兒豈錯他對待於人出自然由茲往復於地天但求舍己無深病上下進退永連綿

太極體用解

理爲精氣神之體精氣神爲身之體身爲心之用勁力爲身之用心身有一定之主宰者理也精氣神有一定之主宰者意誠也誠者天道誠之者人道俱不外意念須臾之間要知天人同體之理自得日月流行之氣其氣意之流行精神自隱微乎理矣夫而後言乃武乃文乃聖乃神則得矣若特以武事論之於心身用之於勁力仍歸於道之本也故不得獨以末技云爾

勁由於筋力由於骨如以持物論之有力能執數百斤是骨節皮毛之外操也故有硬力如以全體之有勁似不能持幾斤是精氣之內壯也雖然若是功成後猶有妙出於硬力者修身體育之道有然也

太極文武解

文者體也武者用也文功在武用於精氣神也爲之體育.武功得文體於心身也爲之武事夫文武尤有火候之謂在放卷得其時中體育之本也文武使於對待之際在蓄發當其可者武事之根也故云武事文爲柔軟體操也精氣神之筋勁武事武用剛硬武事也心身之骨力也文無武之豫備爲之有體無用武無文之侶伴爲之有用無體如獨木難支孤掌不響不惟體育武事之功事諸如此理也文者內理也武者外數也有外數無文理必爲血氣之勇失於本來面目欺敵必敗爾有文理無外數徒思安靜之學未知用的採戰差微則亡耳自用於人文武二字之解豈可不解哉

太極懂勁解

自己懂勁接及神明爲之文成而後採戰身中之陰七十有二無時不然陽得其陰水火既濟乾坤交泰性命葆眞矣於人懂勁視聽之際遇而變化自得曲誠之妙形著明於不勞運動覺知也功至此可爲攸往咸宜無須有心之運用耳

八五十三勢長拳解

自己用功一勢一式用成之後合之爲長滔滔不斷周而復始所以名長拳也萬不得有一定之架子恐日久入於滑拳也又恐入於硬拳也決不可失其綿軟周身往復精神意氣之本用久自然貫通無往不至何堅不摧也於人對待四手當先亦自八門五步而來跕四手四手碾磨進退四手中四手上下四手三才四手由下乘長拳四手起大開大展煉至緊湊屈伸自由之功則升之中上乘矣

太極陰陽顛倒解

陽乾天日火離放出發對開臣肉用氣身武立命方呼上進隅

陰坤地月水坎卷入蓄待合君骨體理心文盡性圓吸下退正

蓋顛倒之理水火二字詳之則可明如火炎上水潤下者水能使火在下而用水在上則爲顛倒然非有法治之則不得矣辟如水入鼎內而治火之上鼎中之水得火以然之不但水不能下潤藉火氣水必有溫時火雖炎上得鼎以隔之是爲有極之地不使炎上炎火無止息亦不使潤下之水永滲漏此所爲水火既濟之理也顛倒之理也若使任其火炎上水潤下必至水火必分爲二則爲水火未濟也故云分而爲二合之爲一之理也故云一而二二而一總斯理爲三天地人也明此陰陽顛倒之理則可與言道知道不可須臾離則可與言人能以人弘道知道不遠人則可與言天地同體上天下地人在其中矣苟能參天察地與日月合其明與五嶽四瀆華朽與四時之錯行與草木並枯榮明鬼神之吉兇知人事興衰則可言乾坤爲一大天地人爲一小天地也夫如人之身心致知格物於天地之知能則可言人之良知良能若思不失固有其功用浩然正氣直養無害悠久無疆矣所謂人身生成一小天地者天也性也地也命也人也虛靈也神也若不明之者烏能配天地爲三乎然非盡性立命窮神達化之功胡爲乎來哉

人身太極解

人之周身心爲一身之主宰主宰太極也二目爲日月即兩儀也頭像天足像地人中之人及中腕合之爲三才也四肢四象也腎水心火肝木肺金脾土皆屬陰膀胱水小腸火胆木大腸金胃土皆陽也茲爲內也顱丁火地閣承漿水左耳金右耳木兩命門也茲爲外也神出於心目眼爲心之苗精出於腎腦腎爲精之本氣出於肺胆氣爲肺之原視思明心動神流也聽思聰腦動腎滑也鼻之息香臭口之呼吸出入水鹹木酸土辣火苦金甜及言語聲音木亮火焦金潤土壚水漂鼻息口吸呼之味皆氣之往來肺之門戶肝胆巽震之風雷發之聲音出入五味此言口目鼻舌神意使之六合以破六欲也此內也手足肩膝肘胯亦使六合以正六道也此外也眼耳鼻口大小便肚臍外七竅也喜怒憂思悲恐驚內七情也七情皆以心爲主喜心怒肝憂脾悲肺恐腎驚胆思小腸怕膀胱愁胃慮大腸此內也夫離南正午火心經坎北正子水腎經震東正卯木肝經兌西正西金肺經乾西北隅金大腸化水坤西南隅土脾化土巽東南隅胆木化土艮東北隅胃土化火此內八卦也外八卦者二四爲肩六八

爲足上九下一左三右七也坎一坤二震三巽四中五乾六兌七艮八離九此九宮也內九宮亦如此表裏者乙肝左肋化金通肺甲胆化土通脾丁心化木中胆通肝丙小腸化水通腎己脾化土通胃戊胃化火通心後背前胸山澤通氣辛肺右肋化水通腎庚大腸化金通肺癸腎下部化火通心壬膀胱化木通肝此十天干之內外也十二地支亦如此之內外也明斯理則可與言修身之道矣

太極分文武三成解

蓋言道者非自修身無由得成也然又分爲三乘之修法乘者成也上乘即大成也下乘即小成也中乘即誠之者成也法分三修成功一也文修於內武修於外體育內也武事外也其修法內外表裏成功集大成即上乘也由體育之文而得武事之武或由武事之武而得體育之文即中乘也然獨知體育不入武事而成者或專武事不爲體育而成者即小成也

太極下乘武事解

太極之武事外操柔軟內含堅剛而求柔軟柔軟之於外久而久之自得內之堅剛非有心之堅剛寔有心之柔軟也所難者內要含蓄堅剛而不施外終柔軟而迎敵以柔軟而應堅剛使堅剛盡化無有矣其功何以得乎要非粘黏連隨已成自得運動知覺方爲懂勁而後神而明之化境極矣夫四兩撥千斤之妙功不及化境將何以能是所謂懂粘運得其視聽輕靈之巧耳

太極正功解

太極者元也無論內外上下左右不離此元也太極者方也無論內外上下左右不離此方也元之出入方之進退隨方就元之往來也方爲開展元爲緊湊方元規矩之至其孰能出此以外哉如此得心應手仰高鑽堅神乎其神見隱顯微明而且明生生不已欲罷不能

太極輕重浮沉解

雙重爲病干於塡寔與沉不同也雙沉不爲病自爾騰虛與重不易也雙浮爲病祇如漂渺與輕不例也雙輕不爲病天然清靈與浮不等也半輕半重不爲病偏輕偏重爲病半者半有著落也所以不爲病偏者偏無著落也所以爲病偏無著落必失方圓半有著落豈出方圓半浮半沉爲病失於不及也偏浮偏沉失於太過也半重偏重滯而不正也半輕偏輕靈而不圓也半沉偏沉虛而不正也半浮偏浮茫而不圓也夫雙輕不近於浮則爲輕靈雙沉不近於重則爲離虛故曰上手輕重半有著落則爲平手除此三者之外皆爲病手蓋內之虛靈不昧能致於外氣之清明流行乎肢體也若不窮研輕重浮沉之手徒勞掘井不及泉之歎耳然有方圓四正之手表裏精粗無不到則已極大成又何云四隅出方圓矣所謂方而圓圓而方超乎象外得其寰中之上手也

太極四隅解

四正即四方也所謂掤攦擠按也初不知方能使圓方圓復始之理無已焉能出隅之手矣緣人外之肢體內之神氣弗緝輕靈方圓四正之功始出輕重浮沉之病則有隅矣辟如半重偏重滯而不正自然爲採挒肘撑之隅手或雙重塡寔亦出隅手也病多之手不得已以隅手扶之而歸圓中方正之手雖然至底者肘撑亦及此以補其所以云爾春後功夫能致上乘者亦須獲採挒而仍歸大中至正矣是四隅之所用者因失體而補缺云云

太極平準腰頂解

頂如準故云頂頭懸也兩手即平左右之盤也腰即平之根株也立如平準所謂輕重浮沉分厘絲毫則偏顯然矣有準頂頭懸腰之根下株尾閭至囟門也上下一條線全憑兩平轉變換取分毫尺寸自己辨車輪兩命門一纛搖又轉心令氣旗使自然隨我便滿身輕利者金剛羅漢煉對待有往來是早或是晚合則放發去不必凌霄箭涵養有多少一氣哈而遠口授須秘傳開門見中天

太極四時五氣解圖

太極血氣根本解

血爲營氣爲衛血流行於肉膜胳氣流行於骨筋脉筋甲爲骨之餘髮毛爲血之餘血旺則髮毛盛氣足則筋甲壯故血氣之勇力出於骨皮毛之外壯氣血之體用出於肉筋甲之內壯氣以血之盈虛血以氣之消長消長盈虛周而復始終身用之不能盡者矣

太極力氣解

氣走於膜胳筋脉力出於血肉皮骨故有力者皆外壯於皮骨形也有氣者是內壯於筋脉象也氣血功於內壯血氣功於外壯要之明於氣血二字之功能自知力氣之由來矣知氣力之所以然自能用力行氣之分別行氣於筋脉用力於皮骨大不相侔也

太極尺寸分毫解

功夫先煉開展後煉緊湊開展成而得之纔講緊湊緊湊得成纔講尺寸分毫由尺住之功成而後能寸住分住毫住此所謂尺寸分毫之理也明矣然尺必十寸寸必十分分必十毫其數在焉故云對待者數也知其數則能得尺寸分毫也要知其數非秘授而能量之者哉

太極膜脉筋穴解

節膜拿脉抓筋閉穴此四功由尺寸分毫得之後而求之膜若節之血不周流脉若拿之氣難行走筋若抓之身無主地穴若閉之神昏氣暗抓膜節之半死申脉拿之似亡單筋抓之勁斷死穴閉之無生總之氣血精神若無身何有主也如能節拿抓閉之功非得點傳不可

太極字字解

挫揉捶打於己於人按摩推拿於己於人開合升降於己於人此十二字皆用手也屈伸動靜於己於人起落緩急於己於人閃還撩了於己於人此十二字於己氣也於人手也轉換進退於己身人步也顧盼前後於己目人手也即瞻前眇後左顧右盼也此八字關乎神矣斷接俯仰此四字關乎意勁也接關乎神氣也俯仰關乎手足也勁斷意不斷意斷神可接勁意神俱斷則俯仰矣手足無著落耳俯爲一叩仰爲一反而已矣不使叩反非斷而復接不可對待之字以俯仰爲重時刻在心身手足不使斷之無接則不能俯仰也求其斷接之能非見隱顯微不可隱微似斷而未斷見顯似接而未接接接斷斷斷斷接接其意心身體神氣極於隱顯又何慮不粘黏連隨哉

太極節拿抓閉尺寸分毫辨

對待之功既得尺寸分毫於手則可量之矣然不論節拿抓閉之手易若節膜拿脉抓筋閉穴則難非自尺寸分毫量之不可得也節不量由按而得膜拿不量由摩而得脉抓不量由推而得拿閉非量而不能得穴由尺盈而縮之寸分毫也此四者雖有高授然非自己功夫久者無能貫通焉

太極補瀉氣力解

補瀉氣力於自己難補瀉氣力於人亦難補自己者知覺功虧則補運動功過則瀉所以求諸己不易也補於人者氣過則補之力過則瀉之此勝彼敗所由然也氣過或瀉力過或補其理雖一然其有詳夫過補爲之過上加過遇瀉爲之緩他不及他必更過仍加過也補氣瀉力於人之法均爲加過於人矣補氣名曰結氣法瀉力名曰空力法

太極空結挫揉論

有挫空挫結揉空揉結之辨挫空者則力隅矣挫結者則氣斷矣揉空者則力分矣揉結者則氣隅矣若結揉挫則氣力反空揉挫則力氣敗結挫揉則力盛於氣力在氣上矣空挫揉則氣盛於力氣過力不及矣挫結揉揉結挫皆氣閉於力矣挫空揉揉空挫皆力繫於氣矣總之挫結揉空之法亦必由尺寸分毫量能如是也不然無地之挫揉平虛之靈結亦何由致於哉

懂勁先後論

夫未懂勁之先長出頂匾丢抗之病既懂勁之後恐出斷接俯仰之病然未懂勁故然病亦出勁既懂何以出病乎緣勁似懂未懂之際正在兩可斷接無準矣故出病神明及猶不及俯仰無著矣亦出病若不出斷接俯仰之病非眞懂勁弗能不出也胡爲眞懂因視聽無由未得其確也知瞻眇顧盼之視覺起落緩急之聽知閃還撩了之運覺轉換進退之動則爲眞懂勁則能接及神明及神明自斂往有由矣有由者由於懂勁自得屈伸動靜之妙有屈伸動靜之妙開合升降又有由矣由屈伸動靜見入則開遇出則合看來則降就去則升夫而後纔爲眞及神明也明也豈可日後不愼行坐臥走飲食溺溷之功是所爲及中成大成也哉

尺寸分毫在懂勁後論

在懂勁先求尺寸分毫爲之小成不過末技武事而已所謂能尺於人者非先懂勁也如懂勁後神而明之自然能量尺寸尺寸能量纔能節拿抓閉矣知膜脉筋穴之理要必明存亡之手知存亡之手要必明生死之穴其穴之數安可不知乎知生死之穴數烏可不明閉而不生乎烏可不明閉而無生乎是所謂二字之存亡一閉之而已盡矣

太極指掌捶手解

自指下之腕上裏者爲掌五指之首爲之手五指皆爲指五指權裏其背爲捶如其用者按推掌也拿採抓閉俱用指也挫摩手也打捶也夫捶有搬攔有指襠有肘底有撇身四捶之外有覆捶掌有摟膝有換轉有單鞭有通背四掌之外有串掌手有雲手有提手有滾手有十字手四手之外有反手指有屈指有伸指有捏指有閉指四指之外有量指又名尺寸指又名覓穴指然指有五指有五指之用首指爲手仍爲指故又名手指其一用之爲旋指旋手其二用之爲提指提手其三用之爲弓指弓手其四用之爲中合手指四手指之外爲獨手獨指也食指爲卞指爲劍指爲佐指爲粘指中正爲心指爲合指爲鈎指爲抹指無名指爲全指爲環指爲代指爲扣指小指爲幫指補指媚指挂指若此之名知之易而用之難得口訣秘法亦不易爲也其次有如對掌推山

掌射雁掌晾翅掌似閉指拗步指灣弓指穿梭指探馬手灣弓手抱虎手玉女手跨虎手通山捶葉下捶背反捶勢分捶卷挫捶再其次步隨身換不出五行則無失錯矣因其粘連黏隨之理舍己從人身隨步自換只要無五行之舛錯身形脚勢出於自然又何慮此三須之病也

口授穴之存亡論

穴有存亡之穴要非口授不可何也一因其難學二因其關乎存亡三因其人纔能傳第一不授不忠不孝之人第二不傳根柢不好之人第三不授心術不正之人第四不傳鹵莽滅裂之人第五不授目中無人之人第六不傳知禮無恩之人第七不授反復無常之人第八不傳得易失易之人此須知八不傳匪人更不待言矣如其可以傳再口授之秘訣傳忠孝知恩者心氣和平者守道不失者眞以爲師者始終如一者此五者果其有始有終不變如一方可將全體大用之功授之於徒也明矣於前於後代代相繼皆如是之所傳也噫抑亦知武事中烏有匪人哉

張三丰承留

天地即乾坤伏羲爲人祖畫卦道有名堯舜十六母微危允厥中精一及孔孟神化性命功七二乃文武授之至予來字著宣平許延年藥在身元善從復始虛靈能德明理令氣形具萬載咏長春心兮誠眞迹三教無兩家統言皆太極浩然塞而冲方正千年立繼往聖永綿開來學常續水火既濟爲願至戌畢字

口授張三丰老師之言

予知三教歸一之理皆性命學也皆以心爲身之主也保全心身永有精氣神也有精氣神纔能文思安安武備動動乃文乃武大而化之者聖神也先覺者得其寶中超乎象外矣後學者以效先覺之所知能其知能雖人固有之知能然非效之不可得也夫人之知能天然文武目視耳聽天然文也手舞足蹈天然武也孰非固有也明矣前輩大成文武聖神授人以體育修身進之不以武事修身傳之至予得之手舞足蹈之採戰借其身之陰以補助身之陽身之陽男也身之陰女也然皆於身中矣男之身祇一陽男全體皆陰女以一陽採戰全體之陰女故云一陽復始斯身之陰女不獨七二以一姹女配嬰兒之名變化千萬姹女採戰之可也亦安有男女後天之身以補之者所謂自身之天地以扶助之是爲陰陽採戰也如此者是男子之身皆屬陰而採自身之陰戰己身之女不如兩男之陰陽對待修身速也予及此傳於武事然不可以末技視依然體育之學修身之道性命之功神聖之境也今夫兩男對待採戰於己身之採戰其理不二己身亦遇對待之數則爲採戰也是爲汞鉛也於人對戰坎離之陰陽兌震陽戰陰也爲之四正乾坤之陰陽艮巽陰採陽也爲之四隅此八卦也爲之八門身足位列中土進步之陽以戰之退步之陰以採之左顧之陽以採之右盼之陰以戰之此五行也爲之五步共爲八門五步也夫如是予授之爾終身用之不能盡之矣又至予得武繼武必當以武事傳之而修身也修身入首無論武事文爲成功一也三教三乘之原不出一太極願後學以易理格致於身中留於後世可也

張三丰以武事得道論

蓋未有天地先有理理爲氣之陰陽主宰主宰理以有天地道在其中陰陽氣道之流行則爲對待對待者陰陽也數也一陰一陽之爲道道無名天地始道有名萬物母未有天地之前無極也無名也既有天地之後有極也有名也然前天地者曰理後天地者曰母是乃理化先天陰陽氣數母生後天胎卵濕化

位天地育萬物道中和然也故乾坤爲大父母先天也爹娘爲小父母後天也得陰陽先後天之氣以降生身則爲人之初也夫人身之來者得大父母之命性賦理得小父母之精血形骸合先後天之身命我得而成人也以配天地爲三才安可失性之本哉然能率性則本不失既不失本來面目又安可失身體之去處哉夫欲尋去處先知來處來有門去有路良有以也然有何以之以之固有之知能無論知愚賢否固有知能皆可以之進道既能修道可知來處之源必能去處之委來源去委既知能必明身不修故曰自天子至於庶人壹是皆以修身爲本夫修身以何以之良知良能視目聽耳曰聰曰明手舞足蹈乃武乃文致知格物意誠心正心爲一身之主正意誠心以足蹈五行手舞八卦手足爲之四象用之殊途良能還原目視三合耳聽六道目耳亦是四形體之一表良知歸本耳目手足分而爲二皆爲兩儀合之爲一共爲太極此由外斂入之於內亦自內發出之於外也能如是表裏精粗無不到豁然貫通希賢希聖之功自臻於曰睿曰智乃聖乃神所謂盡性立命窮神達化在茲矣然天道人道一誠而已矣

上篇　太極拳總綱目（王茂齋傳太極功譜）

宋氏家傳源流支派論

太極拳式名目

八字歌　三十七心會論

三十七周身大用論　十六關要論

功用歌　俞蓮舟得授全體

授秘歌　太極別名十三式

程先生小九天法式　　觀經悟會法

用功五誌　　四性歸源歌

宋氏家傳太極功源流支派論

宋遠橋緒記

所為後代學者不失其本也。自余而上溯，始得太極之功者，授業於唐于歡子許宣平也。至余為十四代焉。有斷者，有繼者。

許先師係江南徽州府歙縣人。隱城陽山，即本府城南紫陽山，結檐南陽辟穀。身長七尺六，髯長至臍，髮長至足，行及奔馬。每負薪賣於市中，獨吟曰：「負薪朝出賣，沽酒日夕歸。借問家何處？穿雲入翠微。」李白訪之不遇，題詩望仙橋而回。所傳太極拳功，名三十七，因三十七式而名之。又名長拳者，所謂滔滔無間也。總名太極拳。三十七式名目書之於後。

四正　　四隅　　雲手　　彎弓射雁　　揮琵琶

進搬攔　　簸箕式　　鳳凰展翅　　雀起尾　　單鞭

上提手　倒攆猴頭　摟膝拗步　肘下捶　轉身蹬腳
上步栽捶　斜飛式　雙鞭　翻身搬攔　玉女穿梭
七星八步　高探馬　單擺蓮　上跨虎　九宮步
攬雀尾　山通背　海底珍珠　彈指擺蓮　轉身指點捶
雙擺蓮　金雞獨立　泰山生氣　野馬分鬃　如封似閉
左右分腳　掛樹踢腳　八方掌　推碾　二起腳
抱虎推山　十字擺蓮

此通共四十三手。四正、四隅、九宮步、七星八步、雙鞭、雙擺蓮在外，因自己多坐用的功夫。其餘三十七數是先師之所傳也。此式應一式鍊成再鍊一式，萬不可心急齊用。三十七式，卻無論何式先何式後，只要一一將式用成，自然三十七式皆化為相連不斷矣，故謂之曰長拳。腳踩五行，懷藏八卦。腳之所在為中央之土，則可定乾南坤北，離東坎西。掤捋擠按四正也，採挒肘靠四隅也。

八字歌

掤捋擠按世間稀，十個藝人十不知。
若能輕靈並堅硬，沾連黏隨俱無疑。
採挒肘靠更出奇，行之不用費心思。
果能沾連黏隨意，得其寰中不支離。

三十七心會論

腰脊為第一之主宰　猴頭為第二之主宰
心地為第三之主宰　丹田為第一之賓輔
掌指為第二之賓輔　足掌為第三之賓輔

三十七周身大用論

一要心性與意靜，自然無處不輕靈。
二要遍體氣流行，一定繼續不能停。
三要猴頭永不拋，問盡天下眾英豪。
如詢大用緣何用？表裏精粗無不到。

十六關要論

活潑於腰　機靈於頂　神通於背　不使氣流行於氣
行之於腿　蹬之於足　運之於掌　足之於指
斂之於髓　達之於神　凝之於耳　息之於鼻
呼吸往來於口　縱之於膝　渾噩一身　全體發之於毛

功用歌

輕靈活潑求懂勁，陰陽既濟無滯病。
若想四兩撥千斤，開合鼓盪主宰定。

俞蓮舟得授全體

俞家，江南寧國府涇縣人。太極功，名曰先天拳，亦曰長拳，得唐李道子所傳。道子係江南安慶人，至宋時與游酢莫逆。至明時，李道子常居武當山南岩宮，不火食，第啖麥麩數合，故又名夫子李也。見人不及他語，惟云「大造化」三字。既云唐人，何以知之明時之夫子李即是李道子先師也？緣余上祖遊江南涇縣俞家，方知先天拳亦如余家之三十七式，太極之別名也。而又知俞家是唐時李道子所傳也，俞家代代相承之功。每歲往拜李道子廬，至宋時尚在也，越代不知李道子所往也。

至明時，余同俞蓮舟游湖廣襄陽府均州武當山，夫子李見之叫曰：「徒再孫焉往？」

蓮舟抬頭一看，斯人面垢正厚，髮長至地，味臭。蓮舟心怒，曰：「爾言之太過也。吾觀汝一掌必死耳。去罷！」

夫子云：「徒再孫，我看看你這手！」

蓮舟上前搠連捶，未依身，則起十丈許落下，未折壞筋骨。蓮舟曰：「你總用過功夫，不然能制我者鮮矣。」

夫子李曰：「你與俞清慧、俞一誠認識否？」

蓮舟聞之悚然：「皆余上祖之名也。」急跪曰：「原來是我之先祖師至也。」

夫子李曰：「我在此幾十韶光未語，今見你誠哉大造化也。授你如此如此。」

蓮舟自此不但無敵，而後亦得全體大用矣。

余與俞蓮舟、俞岱岩、張松溪、張翠山、殷利亨、莫谷聲久相往來金陵之境。夫子李先師授俞蓮舟秘歌云：

授秘歌

「無形無象，全身透空。應物自然，西山懸磬。虎吼猿鳴，水清河靜。翻江播海，盡性立命。」

太極別名十三式

此歌余七人皆知其句。後余七人同往拜武當山夫子李不見，道經玉虛宮，在太和山元高之地見玉虛子張三豐也。張松溪、張翠山師也。身長七尺有餘，鬚美如戟，寒暑為箬笠，日能行千里。自洪武初至太和山修煉。余七人共拜之，耳提面命月餘後歸。自此不絕往拜。玉虛子所傳，惟張松溪、張翠山，拳名十三式，亦太極功別名也，又名長拳。十三式名目並論說列於後。

程靈洗，字元滌，江南徽州府休寧人。授業韓拱月，太極之功成大用矣。侯景之亂，惟歙州保全，皆靈洗力也。梁元帝授以本郡太守，卒謚忠壯。至程珌為紹熙中進士，授昌化主簿，累官，權吏部尚書，拜翰林學士。立朝剛正，風裁凜然，進封新安郡侯，以端明殿學士致仕卒。珌居家常平糶以濟人，凡有利眾者，必盡心焉。所著有《落水集》。珌將太極拳功立一名為小九天。雖珌之遺名小九天，書韓傳者，不敢忘先師之授也。

小九天法式

七星八步　開天門　什錦背　提手　臥虎跳澗
單鞭　射雁　穿梭　白鶴升空　大擋捶
小擋捶　葉裏花　猴頂雲　攬雀尾　八方掌

觀經悟會法

太極者非純工於《易經》不能得也。以《易經》一書必須朝夕悟在心內，會在身中，超以象外，得其寰中。人所不知而獨知之妙，若非得師一點心法之傳，如何能致？我手之舞之，樂在其中矣。

用功五誌

博學是多功夫　審問不是口問是聽勁
慎思聽而後留心相念　明辨生生不已　篤行如天行健

四性歸源歌

世人不知己之性，何能得知人之性？
物性亦如人之性，至於天地亦此性。

我賴天地以存身，天地賴我以緻局。
若能先求知我性，天地受我偏獨靈。

後天法之緣起

胡鏡子在揚州自稱之名，不知姓氏，乃宋仲殊師也。仲殊，安州人，嘗遊姑蘇台，柱上倒書一絕云：「天長地久任悠悠，你既無心我亦休。浪跡天涯人不管，春風吹笛酒家樓。」仲殊所傳殷利亨太極拳，名曰後天法，亦是掤捋擠按採挒肘靠也。然而式法名目不同，其功用則一。如一家分居，各有所為也，然而根本非兩事也。

後天法目

陽肘	陰肘	遮陰肘	晾陽肘	肘裏槍	肘開花
八方捶	陰五掌	陽五掌	單鞭肘	雙鞭肘	臥虎肘

雲飛肘　研磨肘　山通肘　兩膝肘　一膝肘

以上乃太極功各家名目。因余身臨其境，並得良友往來相助，皆非作技藝觀者。人也一家人，恐其久而差也，故筆之於書，以授後人玩索而有得焉，則終身用之有不能盡者矣。其餘太極再有別名目拳法，惟太極則不能兩說也。若太極說有不同，斷乎不一家也。卻無論功夫高低上下，一家人並無兩家話也。自上之先師而上溯，其根源東方先生，再上而溯始孟子，當列國紛紛，固將立命之功，所謂「養我浩然之氣」，「塞於天地之間」。欲大成者，則化功也，小成者，武事也。立命之道，非氣體之充胡能也？由立命以盡性，至於窮神達化。自天子至於庶人，何莫非誠意正心修身始也？書及後世，萬不可輕泄傳人。若謂不傳人，當年先祖師何以傳至余家也？卻無論親朋遠近，所傳者，賢也！遵先師之命，不敢妄傳，後輩如傳人之時，必須想余緒記之心血與先師之訓誨可也。

此書十不傳

一不傳外教
二不傳無德
三不傳不知師弟之道者
四不傳守不住者
五不傳半途而廢者
六不傳得寶忘師者
七不傳無納履之心者
八不傳好怒好惱者
九不傳外欲太多者
十不傳匪事多端者

此書有四忌

忌飲過量之酒

忌當色者　夫婦之道要將「有別」字認清

忌無義之財

忌動不合中之氣　一飲一啄在內

用功三小忌

吃食多　水飲多　睡時多

四刀　十三式

騰挪閃展　左顧右盼　白鶴亮翅　推窗望月　玉女穿梭

上三開　轉身踢腳　打虎二起腳　斜身踢腳　蹲身飛腳

順水推舟　下雙鞭　臥虎跳澗

三十二目楊家老譜

目錄

八門五步

掤南　捋西　擠東　按北　採西北　挒東南　肘東北　靠西南　方位

坎　離　兌　震　巽　乾　坤　艮　八門

方位八門乃為陰陽顛倒之理，周而復始，隨其所行也。總之，四正四隅不可不知矣。夫掤、捋、擠、按是四正之手，採、挒、肘、靠是四隅之手。合隅正之手，得門位之卦。以身分步，五行在意，支撐八面。五行者，進步火、退步水、左顧木、右盼金，定之方中土也。夫進退為水火之步，顧盼為金木之步，以中土為樞機之軸。懷藏八卦，腳跐五行，手步八五，其數十三，出於自然。十三勢也，名之曰八門五步。

八門五步用功法

八卦五行是人生成固有之良。必先明知覺運動四字之本，由知覺運動得之後，而後方能懂勁，由懂勁後自能接及神明。然用功之初，要知知覺運動雖固有之良，亦甚難得之於我也。

固有分明法

蓋人降生之初，目能視，耳能聽，鼻能聞，口能食，顏色、聲音、香臭、五味皆天然知覺固有之良。其手舞足蹈於四肢之能，皆天然運動之良。思及此，是人孰無？因人性近習遠，失迷固有。要想還我固有，非乃武無以尋運動之根由，非乃文無以得知覺之本原，是乃運動而知覺也。夫運而知，動而知，不運不覺，不動不知。運極則為動，覺盛則為知，動知者易，運覺者難。先求自己知覺運動得之於身，自能知人。要先求知人，恐失於自己。不可不知此理也，夫而後懂勁然也。

沾黏連隨

沾者，提上拔高之謂也。黏者，留戀繾綣之謂也。連者，捨己無離之謂也。隨者，彼走此應之謂也。

要知人之知覺運動，非明沾黏連隨不可，斯沾黏連隨之功夫亦甚細矣。

頂匾丟抗

頂者，出頭之謂也。匾者，不及之謂也。丟者，離開之謂也。抗者，太過之謂也。要知於此四字之病，不但沾黏連隨，斷不明知覺運動也。初學對手不可不知也，更不可不去此病。所難者，沾黏連隨而不許頂匾丟抗，是所不易矣。

對待無病

頂匾丟抗，失於對待也。所以為之病者，既失沾黏連隨，何以獲知覺運動？既不知己，焉能知人？所謂對待者，不以頂匾丟抗相對於人也，要以沾黏連隨等待於人也。能如是，不但無對待之病，知覺運動自然得矣，可以進於懂勁之功矣。

對待用功法守中土　俗名站樁

定之方中足有根，先明四正進退身。
掤捋擠按自四手，須費功夫得其真。
身形腰頂皆可以，沾黏連隨意氣均。
運動知覺來相應，神是君位骨肉臣。
分明火候七十二，天然乃武並乃文。

身形腰頂

身形腰頂豈可無？缺一何必費工夫。
腰頂窮研生不已，身形順我自伸舒。
捨此真理終何極？十年數載亦糊塗。

太極圈

退圈容易進圈難，不離腰頂後與前。
所難中土不離位，退易進難仔細研。
此為動功非站定，倚身進退並比肩。
能如水磨摧急緩，雲龍風虎象周旋。
要用天盤從此覓，久而久之出天然。

太極進退不已功

掤進捋退自然理，陰陽水火相既濟。
先知四手得來真，採挒肘靠方可許。
四隅從此演出來，十三勢架永無已。
所以因之名長拳。

任君開展與收斂，千萬不可離太極。

太極上下名天地

四手上下分天地，採挒肘靠由有去。
採天靠地相應求，何患上下不既濟。
若使挒肘習遠離，迷了乾坤遺嘆惜。
此說亦明天地盤，進用肘挒歸人字。

太極人盤八字歌

八卦正隅八字歌，十三之數不幾何。
幾何若是無平準，丟了腰頂氣嘆哦。
不斷要言只兩字，君臣骨肉細琢磨。
功夫內外均不斷，對待數兒豈錯他？

對待於人出自然，由茲往復於地天。
但求捨己無深病，上下進退永連綿。

太極體用解

理為精氣神之體，精氣神為身之體。身為心之用，勁力為身之用。心身有一定之主宰者，理也。精氣神有一定之主宰者，意誠也。誠者，天道，誠之者，人道，俱不外意念須臾之間。要知天人同體之理，自得日月流行之氣。其氣意之流行，精神自隱，微乎理矣。夫而後言乃武乃文、乃聖乃神，則得矣。若特以武事論之於心身，用之於勁力，仍歸於道之本也。故不得獨以末技云爾。

勁由於筋，力由於骨。如以持物論之，有力能執數百斤，是骨節皮毛之外操也，故有硬力。如以全體之有勁，似不能持幾斤，是精氣之內壯也。雖然若是，功成後猶有妙出於硬力者，修身體育之道有然也。

太極文武解

文者，體也；武者，用也。文功在武用精氣神也，為之體育；武功得文體於心身也，為之武事。夫文武尤有火候之謂，在放卷得其時中，體育之本也；文武使於對待之際，在蓄發當其可者，武事之根也。故云武事文為，柔軟體操也，精氣神之筋勁；武事武用，剛硬武事也，心身之骨力也。文無武之預備，為之有體無用；武無文之伴侶，為之有用無體。如獨木難支，孤掌不響。不惟體育武事之功，事事諸如此理也。文者，內理也；武者，外數也。有外數無文理，必為血氣之勇，失於本來面目，欺敵必敗爾；有文理無外數，徒思安靜之學，未知用的採戰，差微則亡耳！自用於人，文武二字之解豈可不解哉？

太極懂勁解

自己懂勁，接及神明，為之文成。而後採戰身中之陰，七十有二，無時不然。陽得其陰，水火既濟，乾坤交泰，性命葆真矣。於人懂勁，視聽之際，遇而變化，自得曲誠之妙形，著明於不勞運動覺知也。功至此可為攸往咸宜，無須有心之運用耳。

八五十三勢長拳解

自己用功，一勢一式，用成之後，合之為長，滔滔不斷，周而復始，所以名長拳也。萬不得有一定之架子，恐日久入於滑拳也，又恐入於硬拳也。決不可失其綿軟。周身往復，精神意氣之本，用久自然貫通，無往不至，何堅不摧也。於人對待四手當先，亦自八門五步而來。站四手，四手碾磨，進退四手，中四手，上下四手，三才四手，由下乘長拳四手起，大開大展，煉至緊湊屈伸自由之功，則升之中上乘矣。

太極陰陽顛倒解

陽：乾、天、日、火、離、放、出、發、對、開、臣、肉、用、氣、身、武立命、方、呼、上、進、隅

陰：坤、地、月、水、坎、卷、入、蓄、待、合、君、骨、體、理、心、文盡性、圓、吸、下、退、正

蓋顛倒之理，水火二字詳之則可明。如火炎上、水潤下者。水能使火在下而用水在上，則為顛倒。然非有法治之則不得矣。譬如水入鼎內而治火之上，鼎中之水得火以然之，不但水不能下潤，藉火氣水必有溫時；火雖炎上，得鼎以隔之，是為有極之地，不使炎上，炎火無止息，亦不使潤下之水永滲漏，此所為水火既濟之理也，顛倒之理也。若使任其火炎上水潤下，必至水火必分為二，則為水火未濟也。故云分而為二、合之為一之理也。故云一而二、二而一。總斯理為三，天地人也。

明此陰陽顛倒之理，則可與言道。知道不可須臾離，則可與言人。能以人弘道，知道不遠人，則可與言天地同體，上天下地，人在其中矣。苟能參天察地，與日月合其明，與五岳四瀆華朽，與四時之錯行，與草木並枯榮，明鬼神之吉凶，知人事興衰，則可言乾坤為一大天地，人為一小天地也。夫如人之身心，致知格物於天地之知能，則可言人之良知良能。若思不失固有，其功用「浩然正氣」，「直養無害」，「悠久無疆」矣。所謂人身生成一小天地者，天也，性也，地也，命也，人也，虛靈也，神也。若不明之者，烏能配天地為三乎？然非盡性立命、窮神達化之功，胡為乎來哉？

人身太極解

人之周身，心為一身之主宰。主宰，太極也。二目為日月，即兩儀也。頭像天，足像地，人中之人及中腕合之為三才也。四肢，四象也。腎水、心火、肝木、肺金、脾土皆屬陰，膀胱水、小陽火、膽木、大腸金、胃土皆陽也，茲為內也。顱丁火，地閣承漿水，左耳金，右耳木，兩命門也，茲為外也。神出於心，目眼為心之苗；精出於腎腦，腎為精之本；氣出於肺，膽氣為肺之原。視思明，心動神流也；聽思聰，腦動腎滑也。鼻之息香臭，口之呼吸出入，水鹹、木酸、土辣、火苦、金甜，及言語聲音，木亮、火焦、金潤、土坳、水漂，鼻息口呼之味，皆氣之往來，肺之門戶。肝膽巽震之風雷，發之聲音，出入五味。此言口、目、鼻、舌、神、意，使之六合，以破六欲也，此內也。手、足、肩、膝、肘、胯，亦使六合，以正六道也，此外也。眼、耳、鼻、口、大小便、肚臍，外七竅也。喜、怒、憂、思、悲、恐、驚，內七情也，七情皆以心為主。喜心、怒肝、憂脾、悲肺、恐腎、驚膽、思小腸、怕膀胱、愁胃、慮大腸，此內也。

夫離南正午火心經，坎北正子水腎經，震東正卯木肝經，兌西正酉金肺經，乾西北隅金大腸化水，坤西南隅土脾化土，巽東南隅膽木化土，艮東北隅胃土化火，此內八卦也。外八卦者，二四為肩，六八為足，上九下一，左三右七也。坎一、坤二、震三、巽四、中五、乾六、兌七、艮八、離九，此九宮也。內九宮亦如此。表裏者，乙肝左肋化金通肺，甲膽化土通脾，丁心化木中膽通肝，丙小腸化水通腎，己脾化土通胃，戊胃化火通心，後背前胸，山澤通氣，辛肺右肋化水通腎，庚大腸化金通肺，癸腎下部化火通心，壬膀胱化木通肝，此十天干之內外也。十二地支亦如此之內外也。明斯理，則可與言修身之道矣。

太極分文武三成解

蓋言道者，非自修身無由得成也。然又分為三乘之修法。乘者，成也。上乘即大成也，下乘即小成也，中乘即誠之者成也。法分三修，成功一也。文修於內，武修於外。體育，內也；武事，外也。其修法內外表裏，成功集大成即上乘也。由體育之文而得武事之武，或由武事之武而得體育之文，即中乘也。然獨知體育不入武事而成者，或專武事不為體育而成者，即小成也。

太極下乘武事解

太極之武事，外操柔軟，內含堅剛，而求柔軟。柔軟之於外，久而久之，自得內之堅剛，非有心之堅剛，實有心之柔軟也。所難者，內要含蓄堅剛而不施，外終柔軟而迎敵，以柔軟而應堅剛，使堅剛盡化無有矣。其功何以得乎？要非沾黏連隨已成，自得運動知覺，方為懂勁，而後神而明之，化境極矣。夫四兩撥千斤之妙，功不及化境，將何以能？是所謂懂沾連，得其視聽輕靈之巧耳。

太極正功解

太極者，元也，無論內外上下左右，不離此元也。太極者，方也，無論內外上下左右不離此方也。元之出入，方之進退，隨方就元之往來也。方為開展，元為緊湊。方元規矩之至，其就能出此以外哉？如此得心應手，仰高鑽堅，神乎其神，見隱顯微，明而且明，生生不已，欲罷不能。

太極輕重浮沉解

雙重為病，干於填實，與沉不同也。雙沉不為病，自爾騰虛，與重不易也。雙浮為病，祇如漂渺，與輕不例也。雙輕不為病，天然清靈，與浮不等也。半輕半重不為病，偏輕偏重為病。半者，半有著落也，所以不為病；偏者，偏無著落也，所以為病。偏無著落，必失方圓；半有著落，豈出方圓？半浮半沉為病，失於不及也。偏浮偏沉，失於太過也。半重偏重，滯而不正也。半輕偏輕，靈而不圓也。半沉偏沉，虛而不正也。半浮偏浮，茫而不圓也。夫雙輕不近於浮則為輕靈，雙沉不近於重則為離虛，故曰上手。輕重半有著落，則為平手。除此三者之外，皆為病手。蓋內之虛靈不昧，能致於外氣之清明，流行乎肢體也。若不窮研輕重浮沉之手，徒勞掘井不及泉之嘆耳。然有方圓四正之手，表裏精粗無不到，則已極大成，又何云「四隅出方圓」矣。所謂「方而圓，圓而方」「超乎象外，得其寰中」之上手也。

太極四隅解

四正即四方也，所謂掤捋擠按也。初不知方能使圓、方圓復始之理無已，焉能出隅之手矣？緣人外之肢體，內之神氣，弗緝輕靈方圓，四正之功，始出輕重浮沉之病，則有隅矣。譬如半重偏重，滯而不正，自然為採挒肘靠之隅手，或雙重填實，亦出隅手也。病多之手，不得已以隅手扶之而歸圓中。方正之手，雖然至底者，肘靠亦及此，以補其所以云爾。春後功夫能致上乘者，亦須獲採挒而仍歸大中至正矣。是四隅之所用者，因失體而補缺云云。

太極平準腰頂解

頂如準，故云頂頭懸也。兩手即平左右之盤也，腰即平之根株也。立如平準，所謂輕重浮沉、分厘絲毫則偏，顯然矣。有準頂頭懸，腰之根下株、尾閭至囟門也。上下一條線，全憑兩平轉。變換取分毫，尺寸自己辨。車輪兩命門，一纛搖又轉。心令氣旗使，自然隨我便。滿身輕利者，金剛羅漢煉。對待有往來，是早或是晚。合則放發去，不必凌霄箭。涵養有多少，一氣哈而遠。口授須秘傳，開門見中天。

太極四時五氣解圖

太極血氣根本解

血為營，氣為衛，血流行於肉、膜、絡，氣流行於骨、筋、脈。筋甲為骨之餘，髮毛為血之餘。血旺則髮毛盛，氣足則筋甲壯。故血氣之勇力出於骨皮毛之外壯，氣血之體用出於肉筋甲之內壯。氣以血之盈虛，血以氣之消長，消長盈虛，周而復始，終身用之不能盡者矣。

太極力氣解

氣走於膜絡筋脈，力出於血肉皮骨。故有力者皆外壯於皮骨，形也；有氣者是內壯於筋脈，象也。氣血功於內壯，血氣功於外壯。要之，明於氣血二字之功能，自知力氣之由來矣。知氣力之所以然，自能用力、行氣之分別。行氣於筋脈，用力於皮骨，大不相侔也。

太極尺寸分毫解

功夫先煉開展，後煉緊湊。開展成而得之，才講緊湊。緊湊得成，才講尺寸分毫。由尺住之功成，而後能寸住、分住、毫住，此所謂尺寸分毫之理也，明矣。然尺必十寸，寸必十分，分必十毫，其數在焉。故云：對待者，數也。知其數，則能得尺寸分毫也。要知其數非秘授而能量之者哉？

太極膜脈筋穴解

節膜、拿脈、抓筋、閉穴，此四功由尺寸分毫得之後而求之。膜若節之，血不周流；脈若拿之，氣難行走；筋若抓之，身無主地；穴若閉之，神昏氣暗。抓膜節之半死，申脈拿之似亡，單筋抓之勁斷，死穴閉之無生。總之，氣血精神若無，身何有主也？如能節拿抓閉之功，非得點傳不可。

太極字字解

挫揉捶打（於己、於人），按摩推拿（於己、於人），開合升降（於己、於人），此十二字皆用手也。屈伸動靜（於己、於人），起落緩急（於己、於人），閃還撩了（於己、於人），此十二字，於己氣也，於人手也。轉換進退

（於己身也，於人步也），顧盼前後（於己目也，於人手也），即瞻前眇後，左顧右盼也，此八字關乎神矣。斷接俯仰，此四字關乎意勁也。接關乎神氣也，俯仰關乎手足也。勁斷意不斷，意斷神可接，勁意神俱斷則俯仰矣，手足無著落耳。俯為一叩，仰為一反而已矣。不使叩反，非斷而復接不可。對待之字，以俯仰為重，時刻在心身手足，不使斷之無接，則不能俯仰也。求其斷接之能，非見隱顯微不可。隱微似斷而未斷，見顯似接而未接。接接斷斷，斷斷接接，其意心身體神氣極於隱顯，又何慮不沾黏連隨哉？

太極節拿抓閉尺寸分毫辨

對待之功，既得尺寸分毫於手，則可量之矣。然不論節拿抓閉之手易，若節膜、拿脈、抓筋、閉穴則難，非自尺寸分毫量之不可得也。節不量，由按而得膜；拿不量，由摩而得脈；抓不量，由推而得拿；閉非量，而不能得穴。由尺盈而縮之寸分毫也。此四者雖有高授，然非自己功夫久者，無能貫通焉。

太極補瀉氣力解

補瀉氣力於自己難，補瀉氣力於人亦難。補自己者，知覺功虧則補，運動功過則瀉，所以求諸己不易也。補於人者，氣過則補之，力過則瀉之，此勝彼敗，所由然也。氣過或瀉，力過或補，其理雖一，然其有詳。夫過補為之過上加過，遇瀉為之緩，他不及他必更過，仍加過也。補氣瀉力於人之法，均為加過於人矣。補氣名曰結氣法，瀉力名曰空力法。

太極空結挫揉論

有挫空、挫結、揉空、揉結之辨。挫空者則力隅矣；挫結者則氣斷矣；揉空者則力分矣；揉結者則氣隅矣。若結揉挫則氣力反；空揉挫則力氣敗；結挫揉則力盛於氣，力在氣上矣；空挫揉則氣盛於力，氣過力不及矣。挫結揉、揉結挫，皆氣閉於力矣。挫空揉、揉空挫，皆力鑿於氣矣。

總之，挫結揉空之法，亦必由尺寸分毫量能如是也，不然無地之挫揉，平虛之靈結，亦何由致於哉？

懂勁先後論

夫未懂勁之先，長出頂匾丟抗之病；既懂勁之後，恐出斷接俯仰之病。然未懂勁故然病亦出，勁既懂何以出病乎？緣勁似懂未懂之際，正在兩可，斷接無準矣，故出病。神明及猶不及，俯仰無著矣，亦出病。若不出斷接俯仰之病，非真懂勁弗能不出也。胡為真懂？因視聽無由，未得其確也。知瞻眇顧盼之視，覺起落緩急之聽，知閃還撩了之運，覺轉換進退之動，則為真懂勁，則能接及神明，及神明自攸往有由矣。有由者，由於懂勁，自得屈伸動靜之妙。有屈伸動靜之妙，開合升降又有由矣。由屈伸動靜，見入則開，遇出則合，看來則降，就去則升，夫而後才為真及神明也。明也，豈可日後不慎行坐臥走、飲食溺溷之功？是所為及中成、大成也哉。

尺寸分毫在懂勁後論

在懂勁先，求尺寸分毫，為之小成，不過末技武事而已。所謂能尺於人者，非先懂勁也。如懂勁後，神而明之，自然能量尺寸，尺寸能量才能節拿抓閉矣。知膜脈筋穴之理，要必明存亡之手。知存亡之手，要必明生死之穴。其穴之數，安可不知乎？知生死之穴數，烏可不明閉而不生乎？烏可不明閉而無生乎？是所謂二字之存亡，一閉之而已盡矣。

太極指掌捶手解

自指下之腕上，裏者為掌，五指之首為之手，五指皆為指，五指權裏，其背為捶。如其用者，按、推，掌也；拿、揉、抓、閉，俱用指也；挫、摩，手也；打，捶也。夫捶有搬攔，有指襠，有肘底，有撇身，四捶之外有覆捶。掌有摟膝，有換轉，有單鞭，有通背，四掌之外有串掌。手有雲手，有提手，有滾手，有十字手，四手之外有反手。指有屈指，有伸指，有揑指，有閉指，四指之外有量指，又名尺寸指，又名覓穴指。

然指有五指，有五指之用。首，指為手仍為指，故又名手指。其一用之為旋指旋手，其二用之為提指提手，其三用之為弓指弓手，其四用之為中合手指。四手指之外為獨手獨指也。食指為卞指，為劍指，為佐指，為粘指。中正為心指，為合指、為鈎指、為抹指。無名指為全指，為環指，為代指，為扣指。小指為幫指，補指，媚指，掛指。若此之名，知之易而用之難。得口訣秘法亦不易為也。其次，有如對掌、推山掌、射雁掌、晾翅掌，似閉指、拗步指、彎弓指、穿梭指，探馬手、彎弓手、抱虎手、玉女手、跨虎手，通山捶、葉下捶、背反捶、勢分捶、卷挫捶。再其次，步隨身換，不出五行，則無失錯矣。因其沾連黏隨之理，捨己從人，身隨步自換，只要無五行之舛錯，身形腳勢出於自然，又何慮些須之病也？

口授穴之存亡論

穴有存亡之穴，要非口授不可。何也？一因其難學，二因其關乎存亡，三因其人才能傳。第一不授不忠不孝之人，第二不傳根柢不好之人，第三不授心術不正之人，第四不傳鹵莽滅裂之人，第五不授目中無人之人，第六不傳知禮無恩之人，第七不授反覆無常之人，第八不傳得易失易之人。此須知八不傳，匪人更不待言矣。

如其可以傳，再口授之秘訣。傳忠孝知恩者，心氣和平者，守道不失者，真以為師者，始終如一者。此五者，果其有始有終，不變如一，方可將全體大用之功授之於徒也。明矣！於前於後，代代相繼，皆如是之所傳也。噫！抑亦知武事中烏有匪人哉？

張三豐承留

天地即乾坤，伏羲為人祖。畫卦道有名，堯舜十六母。微危允厥中，精一及孔孟。神化性命功，七二乃文武。授之至予來，字著宣平許。延年藥在身，元善從復始。虛靈能德明，理令氣形具。萬載詠長春，心兮誠真跡。三教無兩家，統言皆太極。浩然塞而沖，方正千年立。繼往聖永綿，開來學常續。水火既濟焉，願至戌畢字。

口授張三豐老師之言

予知三教歸一之理，皆性命學也，皆以心為身之主也。保全心身，永有精氣神也。有精氣神，才能文思安安、武備動動，乃文乃武。大而化之者，聖神也。先覺者得其寰中，超乎象外矣。後學者以效先覺之所知能，其知能雖人固有之知能，然非效之不可得也。夫人之知能，天然文武。目視耳聽，天然文也；手舞足蹈，天然武也。孰非固有也？明矣。

前輩大成，文武聖神，授人以體育修身，進之不以武事修身，傳之至予，得之手舞足蹈之採戰，借其身之陰以補助身之陽。身之陽，男也；身之陰，女也，然皆於身中矣。男之身只一陽，男全體皆陰女，以一陽採戰全體之陰女。故云「一陽復始」。斯身之陰女不獨七二，以一姹女配嬰兒之名，變化千萬姹女採戰之可也。亦安有男女後天之身以補之者？所謂自身之天地以扶助之，是為陰陽採戰也。如此者，是男子之身皆屬陰，而採自身之陰、戰己身之女，不如兩男之陰陽對待修身速也。

予及此傳於武事，然不可以末技視，依然體育之學，修身之道，性命之功，神聖之境也。今夫兩男對待採戰，於己身之採戰，其理不二。己身亦遇對待之數，則為採戰也，是為汞鉛也。

於人對戰，坎離之陰陽，兌震陽戰陰也，為之四正；乾坤之陰陽，艮巽陰採陽也，為之四隅。此八卦也，為之八門。身足位列中土，進步之陽以戰之，退步之陰以採之，左顧之陽以採之，右盼之陰以戰之。此五行也，為之五步。共為八門五步也。夫如是予授之爾，終身用之不能盡之矣。又至予得武繼武，必當以武事傳之而修身也。修身入首，無論武事文為，成功一也。三教三乘之原，不出一太極。願後學以易理格致於身中，留於後世可也。

張三豐以武事得道論

蓋未有天地先有理，理為氣之陰陽主宰，主宰理以有天地，道在其中。陰陽氣道之流行，則為對待。對待者陰陽也，數也。一陰一陽之為道。道無名天地始，道有名萬物母。未有天地之前，無極也，無名也；既有天地之後，有極也，有名也。

然前天地者曰理，後天地者曰母，是乃理化先天陰陽氣數，母生後天胎卵濕化，位天地，育萬物，道中和然也。故乾坤為大父母，先天也；爹娘為小父母，後天也。得陰陽先後天之氣以降生身，則為人之初也。夫人身之來者，得大父母之命性賦理，得小父母之精血形骸，合先後天之身命，我得而成人也。以配天地為三才，安可失性之本哉？然能率性則本不失，既不失本來面目，又安可失身體之去處哉？

夫欲尋去處，先知來處，來有門，去有路，良有以也。然有何以之，以之固有之知能，無論知愚賢否，固有知能皆可以之進道。既能修道，可知來處之源，必能去處之委，來源去委既知，能必明身不修。故曰：自天子至於庶人一是，皆以修身為本。夫修身以何？以之良知良能，視目聽耳，曰聰曰明，手舞足蹈，乃武乃文，致知格物，意誠心正。

心為一身之主，正意誠心。以足蹈五行，手舞八卦，手足為之四象。用之殊途，良能還原，目視三合，耳聽六道。目耳亦是四形體之一表，良知歸本，耳目手足，分而為二，皆為兩儀，合之為一，共為太極。

此由外斂入之於內，亦自內發出之於外也。能如是，表裏精粗無不到，豁然貫通，希賢希聖之功自臻於曰睿曰智，乃聖乃神。所謂盡性立命，窮神達化，在茲矣。然天道、人道，一誠而已矣。

中篇

太極功同門錄

王君茂齋

序

義俠之行至中國武術家極矣挾其技以相角者一較而敗繼起報復者有人又敗則報者又繼之蓋愈敗而報者愈奮若手足之捍頭目親昆弟之相保愛問其所以則彼與彼同盟或爲同門而同門之情尤摯一夫被撓群焉爲奇耻大辱最後而其師親問罪虧故老聚談作下酒物聽者駭然聳然勃然忿然終乃快然憮然若目擊其事重其俠慕其義者太極拳同門録之列其義俠之表著者乎夫中國武術宗派不同太極拳乃派之一耳吾願肆武術者合諸派爲一録相親相愛如同氣裂冠毀冕者合群力以除之弭內亂御外侮功名赫赫詎有限量則斯録之刊吾國強之嚆矢也夫己巳孟秋何純舒序於北平官廨

序

吾國拳術一道由來甚古詩有無拳無勇之詞管子有有拳勇股肱之力秀出於衆者則以告之語是拳勇之見諸經傳子部者至發源於何時則不得其詳亦未識與今之拳術優劣何似今之拳術約出於唐宋間分武當少林二派率傳習於僧衆間授之外人焉武當一派純以氣爲主以靜制動以柔制剛犯者輒仆所謂內家拳也今之太極拳是縱横變化神妙無端渾然爲一氣之涵習之精可通神明使敵無間可入誠深合於太極之義矣昔之最精斯技者首推張三丰習太極拳者靡能企及自是而後今有聞人吾國絶技賴以不墜王君茂齋者今之振奇人也精斯技得廣平楊班侯先生之高弟全君保亭之眞傳先生固直造張三丰之室者也王君天性醇篤重然諾有古俠士風年逾六十而精神焕發少年多不及是不惟擅技擊之長且深合延年養生之道矣君懷絶技殊不自秘有請益者無不悉心相授以期國技之日昌列門墻稱弟子者不下數十人聲應氣求于是有同門録之輯亦聯情感便切磋也輯録阮成天津劉君璧人屬予爲之叙劉君亦醉于斯技復方請益於王君者予媿於斯道費然無所喻而固知太極拳術乃吾國絶技爲用至宏蓋非日本之角撲柔術歐美之擊劍決鬭徒以力勝者所能望其項背是所謂合於道者矣深望諸君發揮而光大之使人人具健兒身手強種強國端賴於斯庶不負王君陶成之意也夫是爲序

中華民國十有八年二月古皖鍾鵬年識於舊都

序

夫國之強也以民族強弱爲轉移而民族之強弱又端賴人民之健強否於是武術健身之法尚焉中國立國最古擊技之術源流最遠拳術爲強身之良法而派別甚夥太極八卦通臂彈腿少林形意比比皆是而求却病延年以柔克剛者又非太極拳術莫屬遙溯太極拳術自張三丰先生以降名師輩出至今衣被天下教化寰宇門徒之衆爲各家冠不有同學之録則易流於散漫日後相遇不相識反形太極門之弱故積極有同學録之舉考同學録之法蓋源於科舉時代之同門録披天下各郡之士同取於一科者本未謀面且未相識猶復有同門録之舉而太極拳術同出一系同習一術不有同學録何以彰之是太極門同學録之不可不作者也今既有此盛事足昭同門之大名一足示外人以吾門之盛安可不記之哉是爲序戊辰正月二十五日金受申拜序

序

己巳歲春間同門兄彭仁軒召我謂擬將同門兄弟以及所宗師之長者姓名籍貫一切付諸石印名同學錄猶昔之所謂宗譜而此不過不及遠求祗講近技俾免失謬而已且借是以序長幼而不致同門相失也毓璋聞之深以爲然夫武當內家之學其始也不過能壯身健骨其極也固足以階及神明得其妙用壽人壽世明代以還世多傳者自祖師張三丰傳王宗岳以後逮及滿清有楊六先生露禪獨得全體先生之子鈺「班侯」鑑「建侯」克振箕裘能述其事當是時王公工賈景慕從之學而成名者不知凡幾先師祖全公佑班侯先生之高足而受藝於六先生較多技之精妙不可名狀是由於楊氏之學有所本也比及全公之子吳鑑泉夫子之徒王茂齋師伯郭松亭師叔各有所得皆名世上現大江南北知吾夫子之名者莫不思一瞻采丰今遠游滬濱聲名尤振所學若無所根砥則何足以發揚光大而致此盛名哉仁軒之所以輯此錄者亦可謂是保我宗系之要籍而聯情誼以相研摩俾廣其學之指歸乎毓璋初學未聞妙旨筆墨所及言多無識進而教之幸甚幸甚

後學楊毓璋謹叙

序

吾國拳術之宗派繁多技亦各異在世界各國武術中佔有最優之地位如日本之角撲與柔術歐美之擊劍與決鬥亦何非健兒身手然較之吾國之拳術則不啻小巫見大巫矣緣吾國國術之能享有盛名者無論其爲任何宗派絕不類東西各國純恃氣力而爲擊技皆各具有操奇之術其術至精至偉變化萬端故學者非有慧心具毅力者不能得其三昧而尤以太極拳爲尤甚蓋太極拳術之特點爲鍊神入骨以柔克剛與其他拳術適成反比例故自唐張三丰祖師首傳此術以來已歷一千餘載迨至晚近而能益臻隆盛者足徵其有特殊之價値郭松翁亭與家君爲至友精于斯術先生嘗與王先生茂齋吳先生鑑泉同受業于吳先生之乃翁全先生保亭而保亭先生又與萬春凌山二君得廣平楊班侯先生之眞傳者也獨此一派至今爲最盛蓋茂齋先生磊落光明有俠者風故願受教拜門墻者凡數十人今方有同門錄之輯將以昭王吳郭三先生之誨人不倦也余則方進而受業於松亭先生執弟子焉適躬逢盛事囑余爲序爰不揣固陋謹書數語於簡端此外凌山君之友紀子修先生亦嘗工太極拳術任學校教席數年頗負聲譽其從子吳君彥卿及趙君靜懷皆承其學彥卿先生爲余業師能文章復精技擊均爲致力於太極拳術者例得附書以示太極拳術中濟濟多才也

中華民國十八年一月十五日北平李翰章記于北海公園慶霄樓

太極拳經

武當山先師張三丰王宗岳留傳

太極拳論

太極者由無極而生陰陽之母也動之則分靜之則合無過不及隨曲就伸人剛我柔謂之走我順人背謂之粘動急則急應動緩則緩隨雖變化萬端而理爲一貫由著熟而漸悟懂勁由懂勁而階及神明然非用之久不能豁然貫通焉須領頂勁氣沉丹田不偏不倚忽隱忽現左重則左虛右重則右杳仰之則彌高俯之則彌深進之則愈長退之則愈促一羽不能加蠅蟲不能落人不知我我獨知人英雄所向無敵蓋皆由此而及也斯技旁門甚多雖勢有區別概不外乎壯欺弱慢讓快耳有力打無力手慢讓手快是皆先天自然之能非關學力而有爲也察四兩撥千斤之句

顯非力勝觀耄耋能禦衆之形快何能爲立如平準活似車輪偏沉則隨雙重則滯每見數年純功不能運化者率皆自爲人制雙重之病未悟耳欲避此病須知陰陽粘即是走走即是粘陰不離陽陽不離陰陰陽相濟方爲懂勁懂勁後愈練愈精默識揣摩漸至從心所欲本爲舍己從人多悞舍近求遠所爲謬之毫釐差之千里學者不可不詳辨焉是爲論

右係武當山張三丰老師遺論欲天下豪傑延年益壽不徒作技藝之末也

此論切要句句在心並無一字敷衍陪襯非有夙慧者不能悟也先師不肯妄傳非獨擇人亦恐枉費工夫（此二句疑王宗岳先生所注特低一格以別於本論）

太極拳十三勢名目

預備式 攬雀尾 單鞭 提手上勢
白鶴晾翅 摟膝拗步 手揮琵琶式 進步搬攔捶
如封似閉 抱虎歸山 十字手 攬雀尾
斜單鞭 肘底看捶 倒撵猴 斜飛式
提手上勢 白鶴晾翅 摟膝拗步 海底針
扇通背 撇身捶 卸步搬攔捶 攬雀尾
單鞭 雲手 單鞭 左高探馬
右分腳 右高探馬 左分腳 轉身蹬腳
摟膝拗步 進步栽捶 翻身撇身捶 二起腳
左右打虎式 披身踢腳 雙風貫耳 進步蹬腳

轉身蹬腳 上步搬攔捶 如封似閉 抱虎歸山
十字手 攬雀尾 斜單鞭 野馬分鬃
玉女穿梭 攬雀尾 單鞭 雲手
下勢 金鷄獨立 倒撵猴 斜飛式
提手上勢 白鶴晾翅 摟膝拗步 海底針
扇通背 撇身捶 進步搬攔捶 攬雀尾
單鞭 雲手 高探馬撲面掌 十字擺蓮
摟膝指襠捶 上步攬雀尾 單鞭 下勢
上步騎鯨 退步跨虎 轉身擺蓮 彎弓射虎
合太極

太極功統系表

張三丰—王宗岳—蔣發—陳長興

陳長興：陳耕雲　陳耕田　楊福魁　李伯魁

楊福魁：楊鉷　楊鈺　楊鑑

楊鈺：凌山　萬春　吳全佑

楊鑑：楊兆熊　楊兆清

吳全佑

吳全佑：王有林　吳愛紳　郭芬

王有林

張廣吉　楊瑞林　毛庚起　鍾森　章長山　唐仲賢　劉玉海
王傑　胡萬祥　段錫震　楊慶棨　劉琪　吳道晉　于崇有
王倜　朱家茂　彭順義　孫恩濤　關柏祿　陸繼勛　關紹曾
趙崇佑　張文惠　王宗茂　郭廣裕　吳智斌　李魁綱　王希元
路其炳　李增華　邊普祥　張思慎　陳宇　佟翰忱　張德祥
趙超　李文傑　孫強新　童德奎　陰玉和　付國屏
汪恆秀　李永春　李延壽　龔雲門　葉子繆　朱崇義
周海山　刁志鳳　張毓桂　李桂鈞　李洪茂　李錫純
修丕勛　鄭培福　王步曾　蘇宗澤　舒展　王樹堂
彭廣義　黃金鑑　吳在泮　劉芝周　韓乃炎　鄧少芝
朱家和　何錫佑　盛福濤　李桂巖　錢全辰　文朗卿
馬俊傑　孔憲墉　桑勝芳　蘇紹唐　關彥平　佟振深

吳愛紳

吳潤澤　東錫珍　趙文愷
吳潤沛　蘇學曾　劉鈞
柏錕　蘇景曾　金玉奇
趙惠福　孫國祥　胡紹梅
趙學安　孫國瑞　郝樹桐
趙曾善　魏元晉　鍾毓秀
吳榮培　吳鍾嶽　吳桐
吳奎芳　金慶海　楊毓璋
崔冠雲　何玉堂　段方
舒國曾　周廣志　馬藹岫
關慕烈　馬普安　任文清
東錫源　楊德山　葛永德

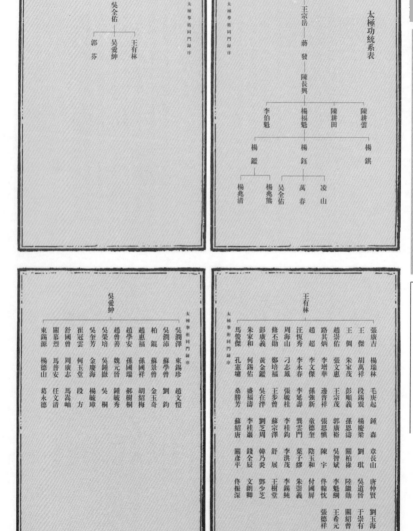

郭　芬

郭鴻駿　金溥臣　李文祺　蘇得俊　張景浦　張景江

趙崇佑

馬崇沛　趙秉義　吳榮璋
賈光瑞　趙　禎　劉鴻如
付增耀　李福超　屈　潛

楊德山

李保善　紹　箕　孫立名
張雲瑞　蕭增壽　羅榮海
趙文斌　謝文考　關國亨
雙　全　張伯衡　景　文

彭廣義

關常印　劉金壽
彭雲翼　續茂林
紀德祥　張淑貞
范長華　高壯勳
吳雨亭　姜炳奎

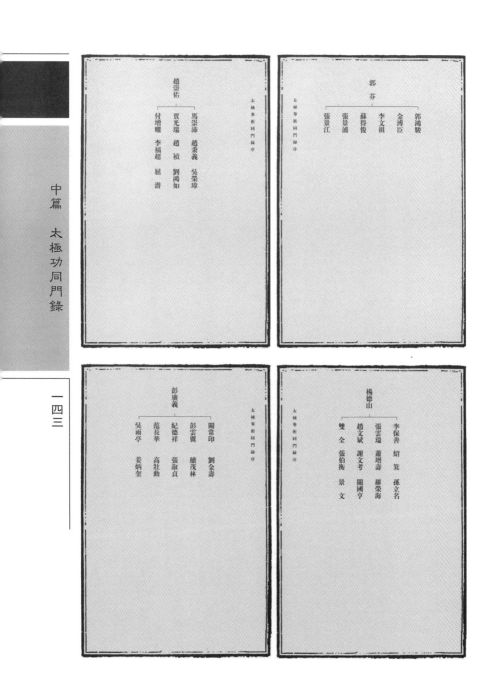

王傑

毛有豐　姚秉彥　尹敬執
張兆由　盛致仲　楊炳忠
王國棟　桂博蘭　李希庚
張毓秀　王有爲　王秀娟

太極拳術同門錄序

吳潤澤 — 姚撰正

姓名	別號	年歲	籍貫	通信處
王有林	茂齋	六十六	山東掖縣	東四北同盛福 掖縣邑城東大武官村
吳愛紳	鑑泉	五十六	北平	崇外興隆街九十號
郭芬	松亭	五十六	北平	齊外王家園
常安	遠亭	五十八	北平	安內西水關
齊治平	格忱	四十九	山西汶水	齊外五爺海子一號
英傑臣	傑臣	五十二	北平	齊內小烟筒胡同

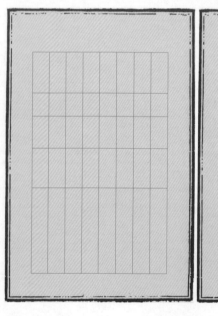

姓名	別號	年歲	籍貫	通信處
楊德山	輔仁	六十五	北平	西城宮門口五條
李增華	滋益	五十六	山西定襄	齊內小碑房胡同四號
桂蔭良	仲三	五十一	安徽	東四北八條
張萬秋		四十九	山左掖縣	
趙崇佑	啓庭	四十七	北平	齊內南小街一五一號
王步曾	省吾	四十七	河北衡水	王府井大街梯子胡同
宗殿順	佑芝	四十五	山東掖縣	齊外恆興磚窯

姓名	別號	年歲	籍貫	通信處
陳炳武	允中	四十三	北平	東四北什錦花園四號
安英凱	武臣	四十二	河北大興	廣渠門外大郊亭村
孔憲墉	崇幽	四十二	山東榮邑	東安門外東興樓
鄭培福	衎五	四十一	山左	前外益和祥
朱家茂	松九	三十九	山東福山	魯省福山縣大朱家山村
刁志鳳	翔千	三十九	山左	前外益和祥
彭廣義	仁軒	三十九	河北任邱	前外虎坊橋帳垂營
蘇紹唐	伯陶	三十九	安徽	

姓名	別號	年歲	籍貫	通信處
楊瑞林	雨亭	三十八	北平	齊內豆芽菜胡同十八號
周海山	振東	三十八	北平	齊內大牌坊胡同
邊普祥	振如	三十八	北平	東直門內大街
張毓桂	燕生	三十八	河北深縣	交道口俱順木廠
孫強新	健堂	三十七	山左掖縣	東四北同盛福
楊慶梁	祝忱	三十七	北平	齊化門
修丕勛	桂臣	三十六	山東掖縣	齊內南小街泰源
彭順義	壽延	三十六	河北任邱	前外虎坊橋帳垂營

姓名	別號	年歲	籍貫	通信處
胡萬祥		三十六	山左掖縣	
路其炳		三十四	河北保定	
趙超		三十三	北平	海甸澗溝
何玉堂		三十二	北平	西城航空署街
毛賡起	庚起	三十二	山東掖縣	海甸北城府街德盛復磨刀鋪
馬俊杰	英臣	三十	山東掖縣	宣外棉花頭條七號
張文惠	濟芝	三十	河北	東直門大街
馬寶祥	少泉	三十	河北宛平	地安門外

趙學安	仲博	三十	北平	西單英子胡同四號
吳奎芳	潤臣	三十	北平	西直門新街口大四條
崔冠雲	仲華	三十	北平	後門內宮監外四十號
關慕烈	仰益	三十	北平	地安門內
東錫源		三十	北平	海甸太平莊
金慶海	雲峰	三十	北平	西四北天一堂
桑勝芳	勝芳	二十九	山東掖縣	掖縣桑家村
盛福濤	波臣	二十九	山東掖縣	東四大豆腐巷同聚局

吳潤澤	子鎮	二十九	北平	前外興隆街五十號
趙惠福	壽村	二十九	北平	
趙曾善	元生	二十九	北平	海甸蘇公家廟
舒國曾	益卿	二十九	北平	西城達子廟
王傑	子英	二十八	山東掖縣	東四北同盛福
何佑	保芝	二十八	河北大興	東四德豐木廠
吳鍾嶽	子明	二十八	北平	
李文祺	翰章	二十八	北平	東安門內沙灘

王宗茂	新如	二十八	北平	西直門內棚匠劉胡同
吳在泮	芹生	二十七	山東掖縣	東四大豆腐巷同聚局
吳榮培	圖南	二十七	北平	
周廣志	光遠	二十七		
朱家和	介平	二十六	山東福山	魯省福山朱家鎮
黃金鑑	鏡涵	二十六	北平	琉璃廠小沙土園五號
吳潤沛	雨亭	二十六	北平	前外興隆街五十號
東錫珍		二十六	北平	海甸太平莊

蘇宗澤	佩如	二十五	安徽	
金溥臣	甫臣	二十五	北平	東直門內柳樹井
李文傑	蘊穎	二十四	河北深縣	史家胡同五十一號
王倜	子超	二十四	山東掖縣	東四北同盛福
李延壽	喜慶	二十四	山東掖縣	地安門外和興麻刀舖
李桂巖	桂巖	二十四	天津	護國寺鐵匠營十四號
蘇學曾		二十三	北平	錦什坊街巡捕廳胡同
楊毓璋	小華	二十三	北平	地安門外

段錫震	箴初	二十二	北平	北新橋石雀胡同八號
劉芝周	彩臣	二十二	山東掖縣	東四大豆腐巷同聚局
孫國祥	效虞	二十二	山東	內西華門惜薪司胡同口外聚順齋
蘇得俊	英杰	二十一	北平	東四十二條松竹齋鐘錶鋪
蘇景曾		二十	北平	錦什坊街巡捕廳胡同
段方	義經	二十	北平	齊內南小街
孫國瑞	效銘	二十	山東	西華門惜薪司胡同
郭鴻駿	夢麟	二十	北平	齊外王家園十六號

韓乃炎	晉午	十八	河北宛平	北平憲兵司令部軍醫處
張景浦	幼峰	十七	山東濟南	紗絡胡同
李桂鈞	桂鈞	十七	天津	護國寺前鐵匠營
張景江	少峰	十五	仝上	仝上
汪恆秀	月川	五十二	河北宛平	安定門內花園北
柏錕	鎮庸		北平	宣內新箆子胡同
魏元晉			廣東	
馬普安			北平	

趙文愷	俊山		北平	天津
劉鈞	秉衡		北平	西城大乘巷十四號
金玉奇	壽峰		北平	
胡紹梅			河北	
郝樹同			河北深縣	
鍾毓秀			奉天	
吳桐			山西	
馬嵩岫	岳良		北平	

任文清			北平	
盛致仲				

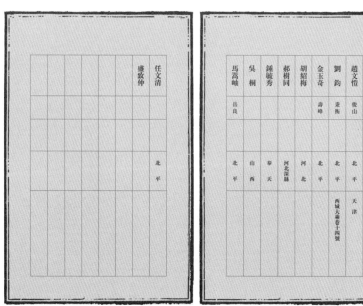

中篇　太極功同門錄

王茂齋

序

義俠之行，至中國武術家極矣。挾其技以相角者，一較而敗，繼起報復者，有人又敗，則報者又繼之。蓋愈敗而報者愈奮，若手足之捍頭目，親昆弟之相保愛。問其所以，則彼與彼同盟或為同門，而同門之情尤摯一。夫被撓群焉，為奇恥大辱，最後而其師親問罪虧。故老聚談作下酒物，聽者駭然、聳然、勃然、忿然，終乃快然、憮然，若目擊其事，重其俠慕其義者。太極拳同門錄之列其義俠之表著者乎？夫中國武術宗派不同，太極拳乃派之一耳。吾願肄武術者合諸派為一錄，相親相愛如同氣，裂冠毀冕者合群力以除之。弭內亂，禦外侮，功名赫赫，詎有限量？則斯錄之刊，吾國強之嚆矢也夫！

己巳孟秋，何純舒序於北平官廨

序

吾國拳術一道，由來甚古。《詩》有「無拳無勇」之詞，《管子》有「有拳勇股肱之力秀出於眾者，則以告」之語，是拳勇之見諸經傳子部者。至發源於何時，則不得其詳，亦未識與今之拳術優劣何似。今之拳術約出於唐宋間，分武當、少林二派，率傳習於僧眾間，授之外人焉。武當一派純以氣為主，以靜制動，以柔制剛，犯者輒仆，所謂內家拳也。

今之太極拳是縱橫變化，神妙無端，渾然為一氣之涵，習之精可通神明，使敵無間可入，誠深合於太極之義矣。昔之最精斯技者首推張三豐，習太極拳者靡能企及。自是而後，今有聞人，吾國絕技賴以不墜。

王君茂齋者，今之振奇人也，精斯技，得廣平楊班侯先生之高弟全君保亭之真傳，先生固直造張三豐之室者也。王君天性醇篤，重然諾，有古俠士風。年逾六十而精神煥發，少年多不及。是不惟擅技擊之長，且深合延年養生之道矣。君懷絕技殊不自秘，有請益者無不悉心相授，以期國技之日昌。列門墻稱弟子者不下數十人，聲應氣求，於是有同門錄之輯，亦聯情感，便切磋也。

輯錄阮成，天津劉君璧人屬予為之敘，劉君亦醰於斯技，復方請益於王君者。予愧於斯道，瞢然無所喻，而固知太極拳術乃吾國絕技，為用至宏。蓋非日本之角撲、柔術，歐美之擊劍、決鬥，徒以力勝者所能望其項背，是所謂合於道者矣。深望諸君發揮而光大之，使人人具健兒身手，強種強國，端賴於斯，庶不負王君陶成之意也夫！是為序。

中華民國十有八年二月，古皖鍾鵬年識於舊都

序

夫國之強也，以民族強弱為轉移；而民族之強弱，又端賴人民之健強否，於是武術健身之法尚焉。中國立國最古，擊技之術源流最遠，拳術為強身之良法，而派別甚夥。太極、八卦、通臂、彈腿、少林、形意，比比皆是。而求卻病延年、以柔克剛者，又非太極拳術莫屬。

遙溯太極拳術，自張三豐先生以降，名師輩出，至今衣被天下，教化寰宇，門徒之眾為各家冠。不有同學之錄，則易流於散漫，日後相遇不相識，反形太極門之弱，故積極有同學錄之舉。

考同學錄之法，蓋源於科舉時代之同門錄，披天下各郡之士同取於一科者，本未謀面，且未相識，猶復有同門錄之舉。而太極拳術同出一系，同習一術，不有同學錄，何以彰之？是太極門同學錄之不可不作者也。今既有此盛事，足昭同門之大名，一足示外人以吾門之盛，安可不記之哉！是為序。

戊辰正月二十五日，金受申拜序

序

己巳歲春間，同門兄彭仁軒召我，謂擬將同門兄弟，以及所宗師之長者姓名、籍貫，一切付諸石印，名《同學錄》。猶昔之所謂宗譜，而此不過不及遠求，只講近技，俾免失謬而已。且借是以序長幼，而不致同門相失也。毓璋聞之，深以為然。

夫武當內家之學，其始也不過能壯身健骨，其極也固足以階及神明。得其妙用，壽人壽世。明代以還，世多傳者。自祖師張三豐傳王宗岳，以後逮及滿清，有楊六先生祿躔獨得全體。

先生之子鈺（班侯）、鑑（健侯），克振箕裘，能述其事。當是時，王公工賈景慕從之學，而成名者不知凡幾。先師祖全公佑，班侯先生之高足，而受藝於六先生較多，技之精妙，不可名狀。

是由於楊氏之學有所本也，此及全公之子吳鑒泉夫子，之徒王茂齋師伯、郭松亭師叔，各有所得，皆名世上。現大江南北，知吾夫子之名者，莫不思一瞻采豐。今遠遊滬濱，聲名尤振。所學若無所根砥，則何足以發揚光大而致此盛名哉？仁軒之所以輯此錄者，亦可謂是保我宗系之要籍，而聯情誼以相研摩，俾廣其學之指歸乎？毓璋初學，未聞妙旨，筆墨所及，言多無識，進而教之，幸甚幸甚。

後學楊毓璋謹敘

序

吾國拳術之宗派繁多，技亦各異，在世界各國武術中占有最優之地位。如日本之角撲與柔術，歐美之擊劍與決鬥，亦何非健兒身手？然較之吾國之拳術，則不啻小巫見大巫矣。緣吾國國術之能享有盛名者，無論其為任何宗派，絕不類東西各國純恃氣力而為，擊技皆各具有操奇之術，其術至精至偉，變化萬端。故學者非有慧心、具毅力者，不能得其三昧，而尤以太極拳為尤甚。

蓋太極拳術之特點為煉神入骨、以柔克剛，與其他拳術適成反比例。故自唐張三豐祖師首傳此術以來，已歷一千餘載，迨至晚近而能益臻隆盛者，足徵其有特殊之價值。

郭翁松亭與家君為至友，精於斯術。先生嘗與王先生茂齋、吳先生鑒泉，同受業於吳先生之乃翁全先生保亭，而保亭先生又與萬春、凌山二君得廣平楊班侯先生之真傳者也。獨此一派，至今為最盛。

蓋茂齋先生磊落光明，有俠者風，故願受教拜門墻者凡數十人。今方有同門錄之輯，將以昭王、吳、郭三先生之誨人不倦也。余則方進而受業於松亭先生，執弟子焉。適躬逢盛事，囑余為序，爰不揣固陋，謹書數語於簡端。此外凌山君之友紀子修先生，亦嘗工太極拳術，任學校教席數年，頗負聲譽。其從子吳君彥卿及趙君靜懷，皆承其學。彥卿先生為余業師，能文章，復精技擊，均為致力於太極拳術者，例得附書，以示太極拳術中濟濟多才也。

中華民國十八年一月十五日　北平李翰章記於北海公園慶霄樓

太極拳經

武當山先師張三豐王宗岳留傳

太極拳論

太極者，由無極而生，陰陽之母也。動之則分，靜之則合。無過不及，隨曲就伸。人剛我柔謂之走，我順人背謂之粘（黏）。動急則急應，動緩則緩隨。雖變化萬端，而理為一貫。由著熟而漸悟懂勁，由懂勁而階及神明。然非用之久，不能豁然貫通焉。須領頂勁，氣沉丹田，不偏不倚，忽隱忽現。左重則左虛，右重則右杳。仰之則彌高，俯之則彌深，進之則愈長，退之則愈促。一羽不能加，蠅蟲不能落，人不知我，我獨知人。英雄所向無敵，蓋皆由此而及也。斯技旁門甚多，雖勢有區別，概不外乎壯欺弱、慢讓快耳。有力打無力，手慢讓手快，是皆先天自然之能，非關學力而有為也。察四兩撥千斤之句，顯非力勝；觀耄耋能禦眾之形，快何能為？立如平準，活似車輪。偏沉則隨，雙重則滯。每見數年純功不能運化者，率皆自為人制，雙重之病未悟耳。欲避此病，須知陰陽。粘即是走，走即是粘。陰不離陽，陽不離陰。陰陽相濟，方為懂勁。懂勁後愈練愈精，默識揣摩，漸至從心所欲。本為捨己從人，多誤捨近求遠。所謂謬之毫厘，差之千里，學者不可不詳辨焉！是為論。

右係武當山張三豐老師遺論，欲天下豪傑延年益壽，不徒作技藝之末也。

此論切要，句句在心，並無一字敷衍陪襯，非有夙慧者不能悟也。先師不肯妄傳，非獨擇人，亦恐枉費工夫。

（此二則疑王宗岳先生所注，特低一格以別於本論）

太極拳十三勢名目

預備式　攬雀尾　單鞭　提手上勢
白鶴晾翅　摟膝拗步　手揮琵琶式　進步搬攔捶
如封似閉　抱虎歸山　十字手　攬雀尾
斜單鞭　肘底看捶　倒攆猴　斜飛式
提手上勢　白鶴晾翅　摟膝拗步　海底針
扇通背　撇身捶　卸步搬攔捶　攬雀尾
單鞭　雲手　單鞭　左高探馬
右分腳　右高探馬　左分腳　轉身蹬腳
摟膝拗步　進步栽捶　翻身撇身捶　二起腳
左右打虎式　披身踢腳　雙風貫耳　進步蹬腳

轉身蹬腳　上步搬攔捶　如封似閉　抱虎歸山
十字手　攬雀尾　斜單鞭　野馬分鬃
玉女穿梭　攬雀尾　單鞭　雲手
下勢　金雞獨立　倒攆猴　斜飛式
提手上勢　白鶴晾翅　摟膝拗步　海底針
扇通背　撇身捶　進步搬攔捶　攬雀尾
單鞭　雲手　高探馬撲面掌　十字擺蓮
摟膝指襠捶　上步攬雀尾　單鞭　下勢
上步騎鯨　退步跨虎　轉身擺蓮　彎弓射虎
合太極

太極功統系表

張三豐—王宗岳—蔣發—陳長興

- 陳長興
  - 陳耕雲
  - 陳耕田
  - 楊福魁
    - 楊 錤
    - 楊 鈺
      - 凌 山
      - 萬 春
      - 吳全佑
    - 楊 鑑
      - 楊兆熊
      - 楊兆清
  - 李伯魁

- 吳全佑
  - 王有林
  - 吳愛紳
  - 郭 芬

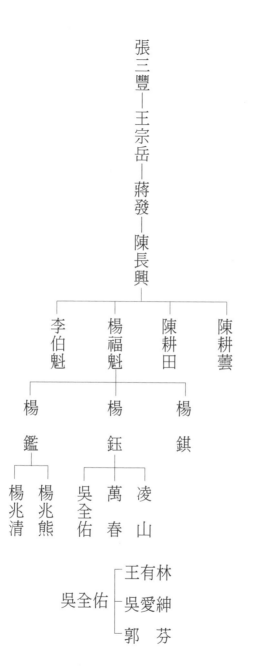

王有林

張廣吉 楊瑞林 毛庚起 鍾　森 章長山 唐仲賢 劉玉海
王　傑 胡萬祥 段錫震 楊慶梁 劉　琪 吳道晉 于崇有
王　倜 朱家茂 彭順義 孫恩濤 關柏祿 陸繼勛 關紹曾
趙崇佑 張文惠 王宗茂 郭廣裕 吳智斌 李魁綱 王希元
路其炳 李增華 邊普祥 張思慎 陳　宇 佟翰忱 張德祥
趙　超 李文傑 孫強新 童德奎 陰玉和 付國屏
汪恒秀 李永春 李延壽 龔雲門 葉子繆 朱崇義
周海山 刁志鳳 張毓桂 李桂鈞 李洪茂 李錫純
修丕勛 鄭培福 王步曾 蘇宗澤 舒　展 王樹堂
彭廣義 黃金鑒 吳在泮 劉芝周 韓乃炎 鄧少芝
朱家和 何錫佑 盛福濤 李桂巖 錢全辰 文朗卿
馬俊傑 孔憲墉 桑勝芳 蘇紹唐 關彥平 佟振深

吳愛紳

吳潤澤　東錫珍　趙文愷
吳潤沛　蘇學曾　劉　鈞
柏　錕　蘇景曾　金玉奇
趙惠福　孫國祥　胡紹梅
趙學安　孫國瑞　郝樹桐
趙曾善　魏元晉　鍾毓秀
吳榮培　吳鐘嶽　吳　桐
吳奎芳　金慶海　楊毓璋
崔冠雲　何玉堂　段　方
舒國曾　周廣志　馬嵩岫
闞慕烈　馬晉安　任文清
東錫源　楊德山　葛永德

郭　芬

郭鴻駿
金溥臣
李文祺
蘇得俊
張景浦
張景江

趙崇佑

馬崇沛　吳榮璋
賈光瑞　劉鴻如
付增耀　屈　潛
趙秉義
趙　禎
李福超

楊德山
- 李保善　張伯衡
- 張雲瑞　孫立名
- 趙文斌　羅榮海
- 雙　全　關國亨
- 紹　箕　景　文
- 蕭增壽
- 謝文考

彭廣義
- 關常印　劉金壽
- 彭雲翼　續茂林
- 紀德祥　張淑貞
- 范長華　高壯勳
- 吳雨亭　姜炳奎

王　傑
- 毛有豐　王有為
- 張兆由　尹敬執
- 王國棟　楊炳忠
- 張毓秀　李希庚
- 姚秉彥　王秀娟
- 盛致仲
- 桂博蘭

吳潤澤
- 姚揆正

通信錄

姓名	別號	年歲	籍貫	通訊處
王有林	茂齋	六十六	山東掖縣	東四北同盛福 掖縣邑城東大武官村
吳愛紳	鑑泉	五十六	北平	崇外興隆街九十號
郭芬	松亭	五十六	北平	齊外王家園
常安	遠亭	五十八	北平	安內西水關
齊治平	格忱	四十九	山西汶水	齊外五爺海子一號
英傑臣	傑臣	五十二	北平	齊內小烟筒胡同
楊德山	輔仁	六十五	北平	西城宮門口五條
李增華	滋益	五十六	山西定襄	齊內小碑房胡同四號
桂蔭良	仲三	五十一	安徽	東四北八條

姓名	別號	年歲	籍貫	通訊處
張萬秋		四十九	山左掖縣	
趙崇佑	啟庭	四十七	北平	齊內南小街一五一號
王步曾	省吾	四十七	河北衡水	王府井大街梯子胡同
宗殿順	佑芝	四十五	山東掖縣	齊外恒興磚窑
陳炳武	允中	四十三	北平	東四北什錦花園四號
安英凱	武臣	四十二	河北大興	廣渠門外大郊亭村
孔憲墉	崇幽	四十二	山東滎邑	東安門外東興樓
鄭培福	衍五	四十一	山左	前外益和祥
朱家茂	松九	三十九	山東福山	魯省福山縣大朱家山村
刁志鳳	翔千	三十九	山左	前外益和祥
彭廣義	仁軒	三十九	河北任邱	前外虎坊橋帳垂營
蘇紹唐	伯陶	三十九	安徽	
楊瑞林	雨亭	三十八	北平	齊內豆芽菜胡同十八號
周海山	振東	三十八	北平	齊內大牌坊胡同

姓名	別號	年歲	籍貫	通訊處
邊普祥	振如	三十八	北　平	東直門內大街
張毓桂	燕生	三十八	河北深縣	交道口俱順木廠
孫強新	健堂	三十七	山左掖縣	東四北同盛福
楊慶梁	祝忱	三十七	北　平	齊化門
修丕勛	桂臣	三十六	山東掖縣	齊內南小街泰源
彭順義	壽延	三十六	河北任邱	前外虎坊橋帳垂營
胡萬祥		三十六	山左掖縣	
路其炳		三十四	河北保定	
趙　超		三十三	北　平	海甸澗溝
何玉堂		三十二	北　平	西城航空署街
毛賡起	庚起	三十二	山東掖縣	海甸北城府街德盛復磨刀鋪
馬俊杰	英臣	三十	山東掖縣	宜外棉花頭條七號
張文惠	濟芝	三十	河　北	東直門大街
馬寶祥	少泉	三十	河北宛平	地安門外

姓名	別號	年歲	籍貫	通訊處
趙學安	仲博	三十	北平	西單英子胡同四號
吳奎芳	潤臣	三十	北平	西直門新街口大四條
崔冠雲	仲華	三十	北平	後門內宮監外四十號
關慕烈	仰益	三十	北平	地安門內
東錫源		三十	北平	海甸太平莊
金慶海	雲峰	三十	北平	西四北天一堂
桑勝芳	勝芳	二十九	山東掖縣	掖縣桑家村
盛福濤	波臣	二十九	山東掖縣	東四大豆腐巷同聚局
吳潤澤	子鎮	二十九	北平	前外興隆街五十號
趙惠福	壽村	二十九	北平	
趙曾善	元生	二十九	北平	海甸蘇公家廟
舒國曾	益卿	二十九	北平	西城達子廟
王傑	子英	二十八	山東掖縣	東四北同盛福
何佑	保芝	二十八	河北大興	東四德豐木廠

姓名	別號	年歲	籍貫	通訊處
吳鍾嶽	子明	二十八	北平	
李文祺	翰章	二十八	北平	東安門內沙灘
王宗茂	新如	二十八	北平	西直門內棚匠劉胡同
吳在泮	芹生	二十七	山東掖縣	東四大豆腐巷同聚局
吳榮培	圖南	二十七	北平	
周廣志	光遠	二十七		
朱家和	介平	二十六	山東福山	魯省福山朱家鎮
黃金鑑	鏡涵	二十六	北平	琉璃廠小沙土園五號
吳潤沛	雨亭	二十六	北平	前外興隆街五十號
東錫珍		二十六	北平	海甸太平莊
蘇宗澤	侃如	二十五	安徽	
金溥臣	甫臣	二十五	北平	東直門內柳樹井
李文傑	蘊穎	二十四	河北深縣	史家胡同五十一號
王倜	子超	二十四	山東掖縣	東四北同盛福

姓名	別號	年歲	籍貫	通訊處
李延壽	喜慶	二十四	山東掖縣	地安門外和興麻刀鋪
李桂巖	桂巖	二十四	天津	護國寺鐵匠營十四號
蘇學曾		二十三	北平	錦什坊街巡捕廳胡同
楊毓璋	小華	二十三	北平	地安門外
段錫震	筮初	二十二	北平	北新橋石雀胡同八號
劉芝周	彩臣	二十二	山東掖縣	東四大豆腐巷同聚局
孫國祥	效虞	二十二	山東	內西華門惜薪司胡同口外聚順齋
蘇得俊	英杰	二十一	北平	東四十二條松竹齋鐘表鋪
蘇景曾		二十	北平	錦什坊街巡捕廳胡同
段　方	義經	二十	北平	齊內南小街
孫國瑞	效銘	二十	山東	西華門惜薪司胡同
郭鴻駿	夢麟	二十	北平	齊外王家園十六號
韓乃炎	晉午	十八	河北宛平	北平憲兵司令部軍醫處
張景浦	幼峰	十七	山東濟南	紗絡胡同

姓名	別號	年歲	籍貫	通訊處
李桂鈞	桂鈞	十七	天津	護國寺前鐵匠營
張景江	少峰	十五	同上	同上
汪恒秀	月川	五十二	河北宛平	安定門內花園北
柏　錕	鎮庸		北平	宣內新篦子胡同
魏元晉			廣東	
馬普安			北平	
趙文愷	俊山		北平	天津
劉　鈞	秉衡		北平	西城大乘巷十四號
金玉奇	壽峰		北平	
胡紹梅			河北	
郝樹同			河北深縣	
鍾毓秀			奉天	
吳　桐			山西	
馬嵩岫	岳良		北平	

姓名	別號	年歲	籍貫	通訊處
任文清			北平	
盛致仲				
葛永德			北平	

下篇

太極拳詳解

出版

中華民國廿二年十二月一日訂

太極拳專家

王老先生茂齋肖像

著作者肖像

仁軒彭廣義

癸酉初秋

國之干城

吳佩孚題

癸酉歲春長至日

國有精神

江朝宗題

上將軍印

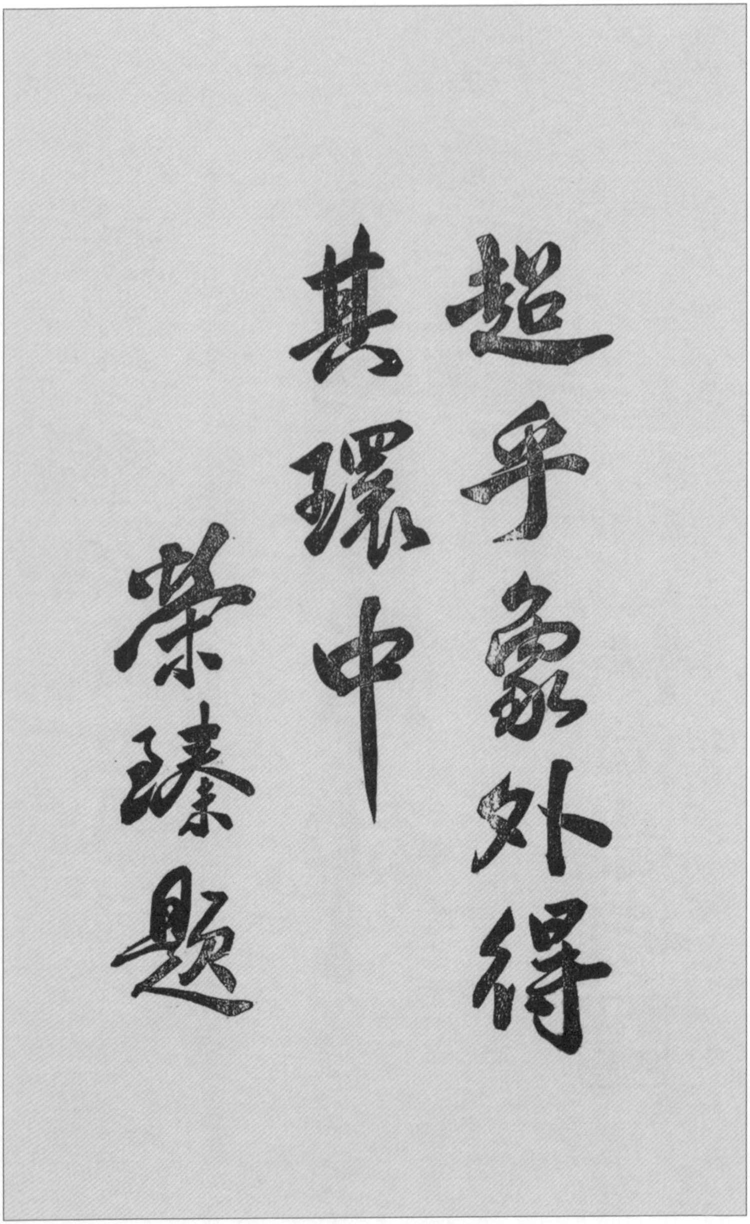
超乎象外得
其環中
榮臻題

癸酉年春

化剛為柔

楊壽樞

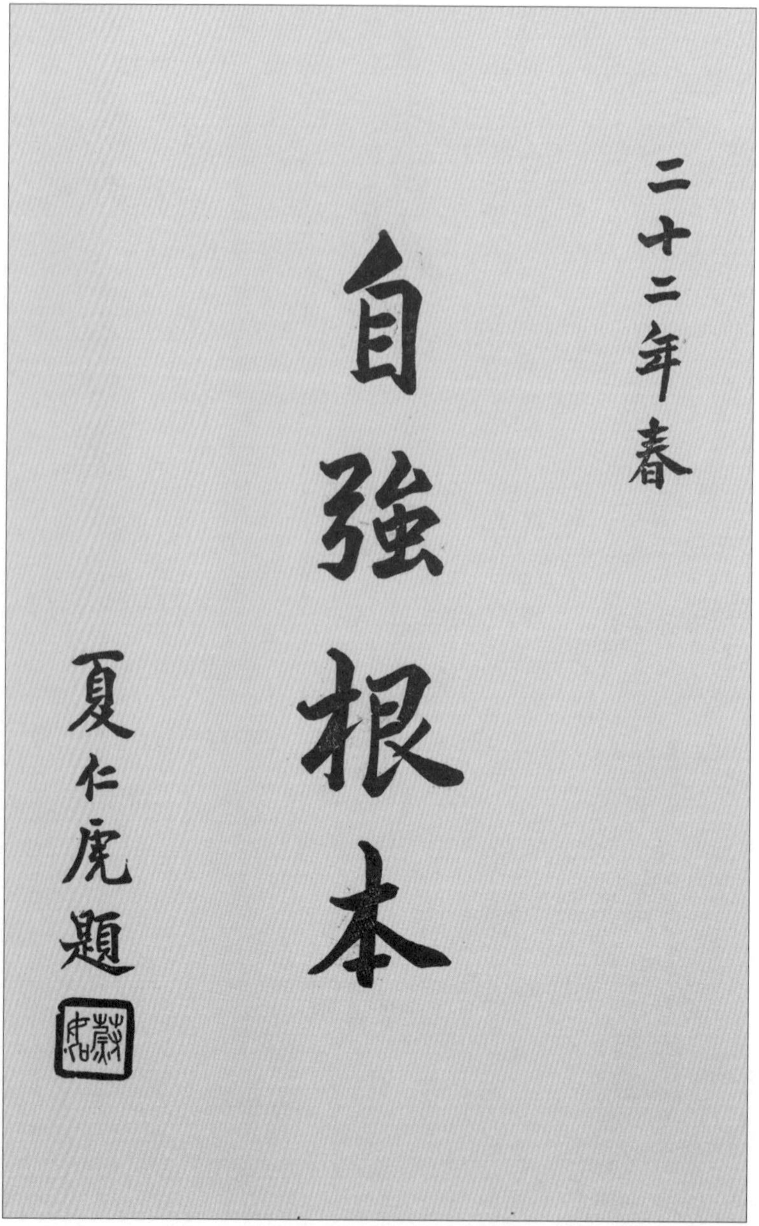
二十二年春
自強根本
夏仁虎題

癸酉夏月

神乎技矣

金紹曾

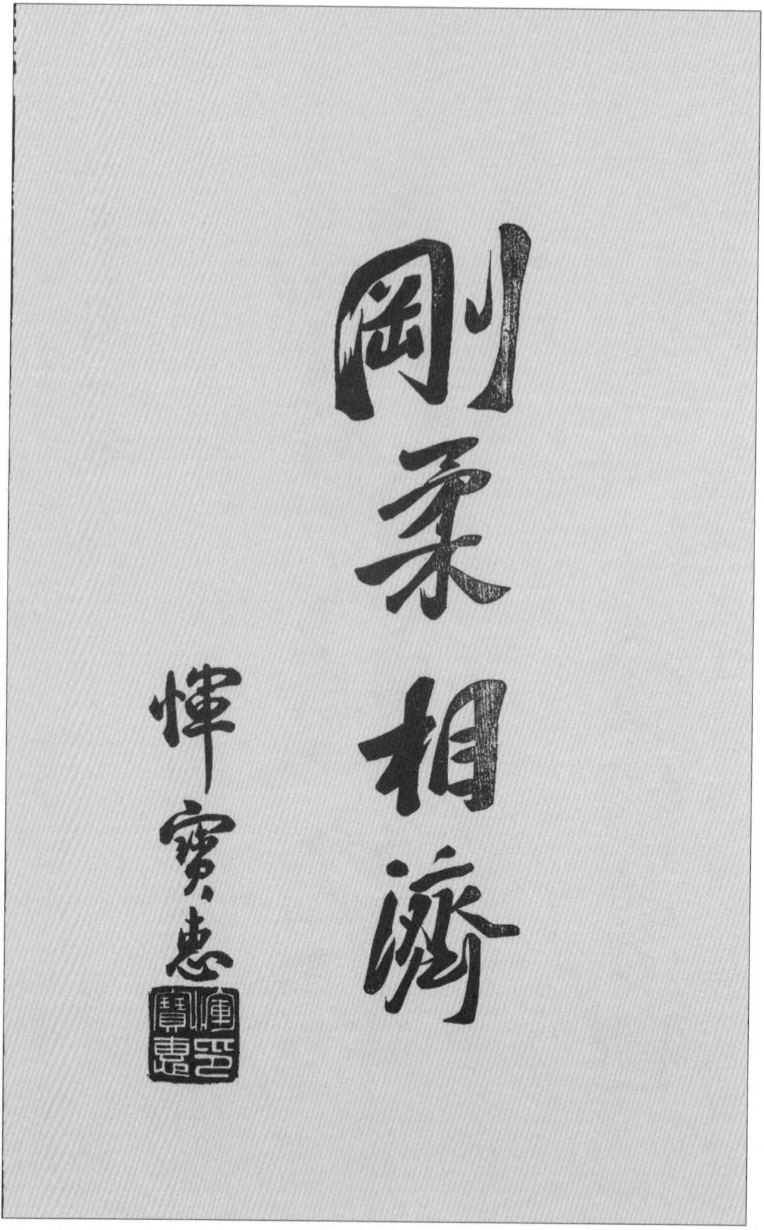
剛柔相濟
惲寶惠

健身壽世

王琦題

癸酉孟夏

淂其寰中

齊振林

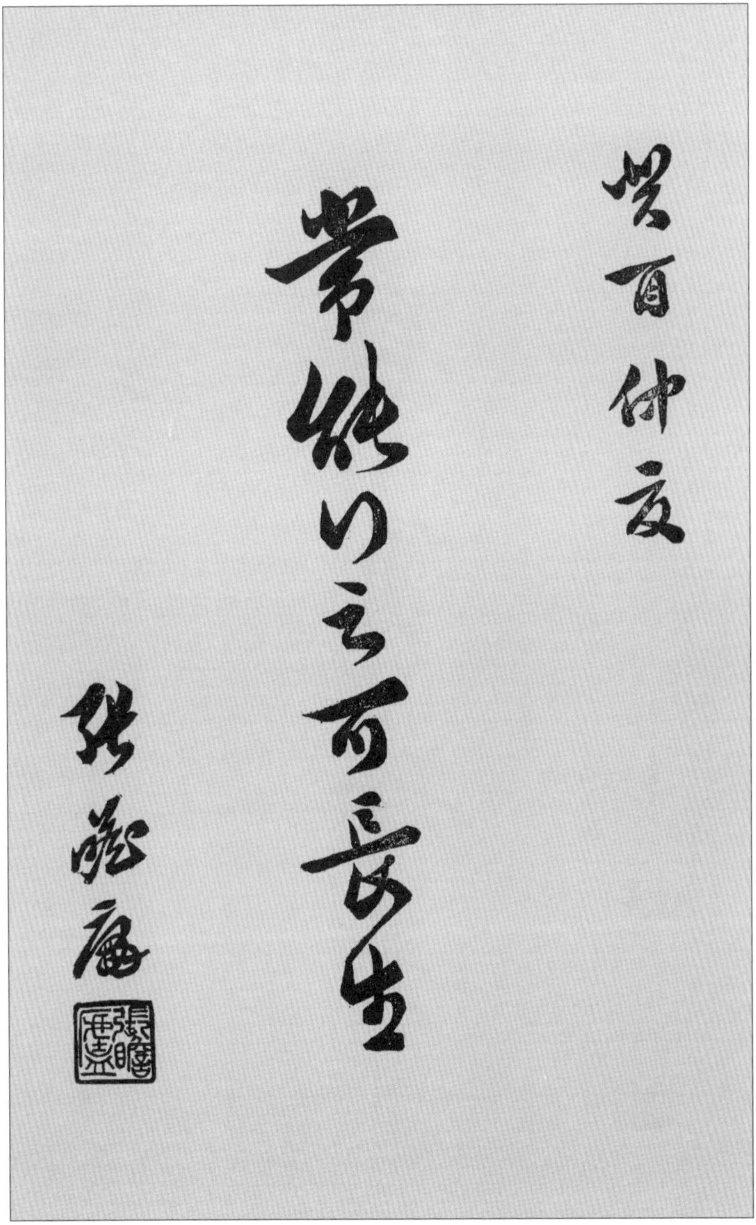
常練之可長生

民國二十二年春

有勇知方

陸哀

陸哀

癸酉夏至

學究天人

謝霈

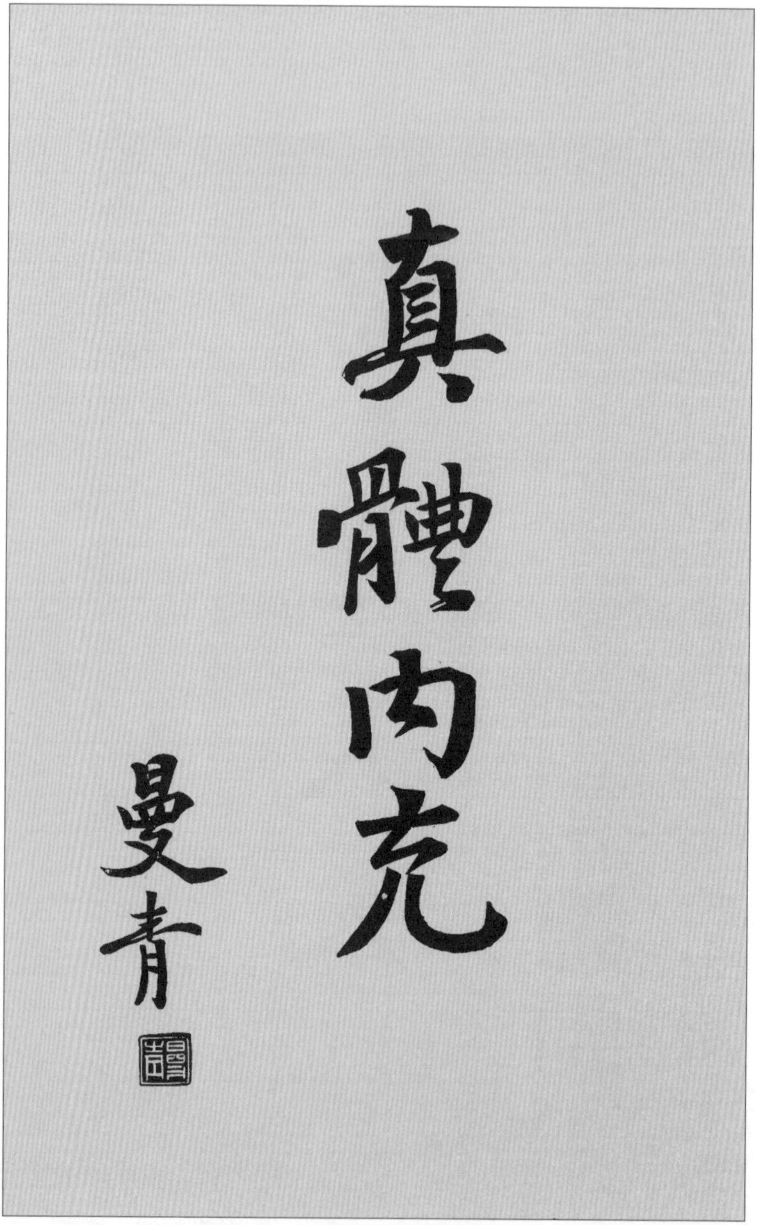
真體內充
曼青

二十二年六月

撼藤伸鐵

蘇世榮題

癸酉夏月

國強之基

趙得嶺

禮中庸云。至誠之道。可以先知。故君子之待物也以誠。太極拳之臨時動用。亦猶至誠之相待。誠者陽剛。以待陰柔。所謂以我之靜。待彼之動。用我之誠。敵彼之詐。詐者陰。誠者陽。兩相循環。乃成虛實生尅之理焉。有人謂太極拳可稱爲太極神拳者。余曰。以虛實動靜氣化名之。則無不可。然武術中。早有神拳鬼拳之名目。如太極拳增加神字。恐不解者誤解。翻有混同之弊耳。不如仍沿太極拳三字名稱爲宜。因承友人之囑。勉書數語。質於精深太極拳功者。當有以教我也。

楊曼青書於花南硯北齋

中華民國二十二年四月二十二日

體育一道東西各邦僉許爲強種當務之急然激烈之運動弗得其當或蒙其弊則擇術不可不愼也太極爲吾華國術之一本氤氳二氣運周身血脈具易經之玄理實探奧而蘊奇其爲強種之術可操左券其能輔裨軍伍尤無待言　彭隊員頗精此道因使指導全隊日課練習卓著成績今多刋書成帙將鍥棃問世丐予爲題予於此道門外漢也何能置詞但善不可隱率弁數言用當紹介宣尼五十學易期以寡過予於太極強身希望亦云

建國念一年仲冬之月山左李振彪題於北平軍分會尉官差遣隊公廨

自序一

予自幼身體羸弱，疾病纏綿，覔遍補救之法，仍無效果，後於友人談及太極拳，可以却病延年，於是經郭老先生松亭介紹，得從王老先生茂齋受業，惟王老先生爲人，性質樸實，其太極功夫，已至爐火純青登峯造極，凡有志願就學者，不吝珠玉，傾心教而授之，予自習學之後，每日飲食增加，身體益漸強壯，雖終日服務奔馳，亦不覺其勞苦，久而久之，其病若失矣，至今研究太極拳，已經十餘載，本於經驗所得，略爲述及，凡有內部虛弱與虧損者，或患寒腰寒腿者，甚致不能舉動者，若要練習太極拳，皆能恢復健康，則太極之功效，非其他拳術可得同日而語也，然太極經云，以心行意，以意導氣，務令沉著，氣沉丹田，內固精神，外示安逸，動轉須用自然之力，養成浩然之氣，氣流行於筋脈，血流行於膜胳，週而復始，終身用之，有不能盡者矣，吾人每日練習，非但却病強身，可以延年益壽，即可進於上乘，予自入尉官隊時，課餘之暇，依然勤習不墜，前奉本隊長官之命，將太極拳列入日課，著廣義担任指導隊員，練習方法，緣各隊員年齡既有差別，體質強弱自異，如此情形，教導之方法，宜應分別實施，庶可收效果，於將來習

將匝月，進步尚速，幸承諸同人贊許，復奉令將太極拳綱要，編輯成書，以資佐証，凡我國人如有志願練習者，則可按圖索驥，勿以淺尠視之，豈是強國強種之門徑也，謹就管見所及，書於簡端，是以爲序，

河北仁軒彭廣義謹序

中華民國二十二年　月　日

太極拳解釋序二

中國武術，遵古師法相承，各尚宗派，其最著者，厥爲兩大宗派，(1)少林派，傳自後魏達摩祖師，其法以易筋眞理充實於內，壯其基礎，五拳運用之法，煆練筋骨，其深造之旨，在化剛爲柔，(2)爲武當派，傳自宋代張三峯祖師，其法以循環無端，立太極，渾圓之體，合陰陽相生之理，應太極變化之用，專主歛神入骨，其深造在以柔克剛，其兩派立法雖各有不同，然而異曲同工，抉其奧旨，皆爲入道之初階，若僅以武術目之，則誠淺鮮矣，惟少林戒約極嚴，眞傳難得，今世以少林自命者，不過技擊末藝，

於易經眞理茫無領會，現行易筋二十四勢，亦非達摩留傳眞本，故論者目爲外家，若武當派太極一門，謹守師法，本十三勢遞相傳授，約而不雜，純任自然，教者學者，均能以歛神懂勁，粘黏連隨爲依歸，驗功力之深淺，至今眞傳未失，論者目爲內家，不亦宜乎，愚自束髮受書，即愛慕武術，既長從軍，奔走四方，獲與武術家相交結，得聆各家拳術之高論，獨武當派太極一門，惜未窺及門墻，是以爲憾，愚素患膝痛，今春入隊時，適遇舊同人彭君仁軒，乘課餘之暇，研究太極拳術，陶冶精神，久而久之，膝痛若失，更服太極拳之妙，不僅強眞却病已也，仁軒以愚

研習若有會心，又述各家宗派，遂舉太極拳遞傳諸先哲之淵源，就其所知者以告之，曰太極拳始於張三峯，遞傳至山左王宗岳，宗岳傳蔣發陳長興，長興傳廣平楊福魁，福魁字露蟬，露蟬先生傳其長子錡，次子鈺，（字班侯）三子鑑（字鏡湖，）班侯傳萬春與凌山吳全佑，（字保亭）保亭先生爲人和藹，生平不輕與人較技，即較技亦必讓人三著，蓋其天性使然也，得其傳者僅王有林（字茂齋）郭芬（字松亭）與吳愛紳（字鑑泉）諸先生，且王茂齋先生造藝精純，更能博通內外諸家，傳於彭君廣義，（字仁軒）仁軒執弟子禮甚恭，治斯道已垂十餘載，今已升堂入室

，茲爲担任太極拳教授，編纂太極拳解釋，書成之日，囑愚爲叙，不揣剪陋，爰筆略述少林武當兩派之宗法，及太極相承之梗概，以就正於諸同志云爾，是以爲序，

中州悟虔張思愼謹序

中華民國二十二年　月　日

太極拳解釋序三

竊以年來懶惰性成，素患胃病，食不甘味，寢不安席，一舉一動，面紅氣喘，不勝其勞，方知身體衰弱已極，恒惴惴焉，今歲端陽節後彭君等練習太極拳功，辱蒙不棄，竟得濫竽其間，承彭君朝夕指示，不憚其煩，雨素質魯鈍，所領會者什一耳，迄今五月餘，按式練習，無時或間，惟覺食增其量，寢安其席，宿疾全愈，心神暢快，豈非太極拳之功耶，茲承彭君囑令續貂，謹書所感是以爲序

浙江會稽澤宇陳　雨謹序

中華民國二十二年　月　日

太極拳詳解目錄

第一章

第一節　列傳

三峯先生姓張名通字君實，先世爲江西龍虎山人，故嘗自稱爲天師後裔，祖父裕賢公，學精星數，南宋未知天下王氣將從北起，遂携本支眷屬，徙居遼陽懿州，有子名居仁，字子安號白山，即先生父也，壯負奇器，元宋收召人才，分三科取士，子安赴試策論科入選，然性素恬淡，無仕宦情，終其身於林下，定宗丁未夏，先生母林太夫人，夢元鶴自海天飛來，而誕先生，時四月初九日子時也，峯神奇異，龜形鶴骨，大耳圓睛，五歲目染異疾，積久漸昏，其時有張雲菴者，方異人也，住持碧落宮，自號白雲禪老，見先生奇之，曰此子仙風道骨，自非凡器，但目遭魔障，須拜貧道爲子，了脫塵翳，慧珠再朗送還，太夫人許之，遂投雲菴爲徒，靜居半載，而目漸明，教習道經過目便曉，有兼讀儒釋兩家之書，隨手披閱會通其大意即止，忽忽七載，太夫人念之，雲菴亦不留，遂拜辭歸家，專究儒業，中統元年舉茂才異等，二年稱文學才識，列名上聞，以備擢用，然非先生素志也，因顯揚之故，欲效毛盧江捧檄之意耳，至元，甲子秋，游燕京時，方定鼎於燕，詔令舊列文學才識者，待用，棲遲燕市，聞望日隆，始與平章

平章政事廉公希憲識，公異其才，奏補中山博陵令，遂之官，政暇訪葛洪山相傳爲稚川修煉處，因念一官蕭散，頗同鈎漏，予豈不能似稚川，越明年，而丁艱矣，又數月而報憂矣，先生遂絕仕進意，奉諱歸遼陽，終日哀毀覔山之高潔者，營厝甫畢，制居數載，日誦洞經，候有邱道人者叩門相訪，劇談玄理，滿座風清，洒然有方外之想，道人既去，束裝出游，田產悉付族人，囑代掃墓挈二行童，相隨，北燕趙，東齊魯，南韓魏，往來名山古刹，吟咏閒觀，且行且住，如是者幾三十年，均無所遇，乃西之秦隴，挹太華之氣，紬太白之奇，走褒斜，度陳倉，見寶鷄山澤幽遽而

清，乃就居焉，中有三尖，山峯挺秀，蒼潤可喜，因自號爲三峯居士，延佑元年，年六十七，始入終南，得遇火龍眞人，傳以大道，更名玄素，號玄玄子，別號昆陽，山居四載，功效寂然，聞近斯道者　必須法財兩用，平游訪兼顏好善，囊篋殆空，不覺淚下，火龍怪之，進告以故，乃傳丹砂點化之訣，命出山修煉，立辭恩師，和光混俗者，數年，秦定甲子春，南至武當，調神九載，而道拳始成，於是湘雲巴雨之間，隱顯遨遊，又十餘年，乃於至正初，由楚還遼陽省墓，訖復之燕市，故交死亡已盡矣，遂之西山，遇前邱道人，談心話道，促膝參同，方知爲長春先生

符陽子也，

第一章
第二節　太極拳祖師張三峯以武事得道論

蓋未有天地先有理，理爲氣之陰陽主宰，主宰理以有天地，道在其中，陰陽氣道之流行，則爲對待，對待者陰陽也，類也　一陰一陽之爲道，道無名，天地始，道有名萬物母，未有天地之前無極也，無名也，既有天地之後有極也，有名也，然前天地者曰理，後天地者曰母，是乃理化先天陰陽氣數，毋生後天胎卵濕化，位天地育萬物，道中和然也　故乾坤爲大父母，先天也，爹娘爲小父母，後天也，得陰陽先後天之氣以降生身，則爲人之初也，夫人身之

來者，得大父母之命性賦理，得小父母之精血形骸，合先後天之命，我得而成人也，以配天地爲三才，安可失性之本哉，然能率性，則本不失，既不失本來面目，又安可失身體之去處哉，夫欲尋去處，先知來處，來有門，去有路，良有以也，然有何以之固有之知能，無論智愚賢否，固知能皆可以進道，既知能修道，可知來處之源，必能知去處之委，來源知委，既能知，必明身不修，故曰自天子至於庶人，壹是皆以修身爲本，夫修身以何，以之良能，視能聽曰聰明，手舞足踏，乃武乃文，致知格物意誠，心爲一身之主，正意誠心，以足踏五行，手舞八卦，手足爲之

象，用之殊途良能還原，目視三合，耳聽六道，耳目亦四形體之一，表裏之歸，本耳目手足，分而爲二，皆爲兩儀，合之爲一，共爲太極，此爲外斂入之於內，亦自內發出文於外，能如是表裏精粗無不到，豁然貫通，希賢希聖之功，自臻於曰睿曰知，乃聖乃神，所謂盡性立命，窮神達化在茲矣，然天道人道一誠而已矣，

第二章　太極拳之傳流
第一節

張三峰名通，字君實，遼東懿州人，宋徽宗時値金人入寇　彼以一人殺金兵五百餘，山陜人民慕其勇，從學者數

百人，因傳其技於陜西　元世祖時，有西安人王宗岳者，得其眞傳，名聞海內，溫州陳同曾多從之學，由是自山陜而流傳於浙東，又百餘年，有海鹽張松溪者，最爲著名，（見寗波府誌）後傳其技於寗波葉繼美，字近泉，近泉傳王征南，字來咸，淸順治中人，征南爲人勇而有義，在明季可稱獨步，黃宗羲最重征南，（見游俠佚聞錄）征南死時，曾爲作墓誌銘征南之後，又將百年，始有甘鳳池，此皆爲南派人士，其北派所傳者，由王宗岳傳河南蔣發，蔣發傳河南懷慶府陳家溝陳長興，其人立身常中正不倚，人因稱之爲牌位先生，先生有子二人長曰耿信，次曰紀信，

時有楊露蟬先生，印福魁者，直隸廣平府永年縣人，聞其名因與同里李伯魁共往師焉，同學者除二人外皆陳姓，頗異視之，二人互相結納，盡心研究，常徹夜不眠，陳先生見楊之勤學，遂盡傳其秘，楊歸傳其術徧鄉里，俗稱爲軟拳，因其能避制強硬之力也，嗣楊游京師，客諸府邸，淸親貴王公貝勒，多從受業焉，旋爲旗營武術教師，有子三人，長名錡早亡，次名鈺，字班侯，三名鑑，字健侯，亦曰鏡湖，皆獲盛名，當露蟬先生充旗營教師時，得其傳者三人，萬春凌山全佑（字保亭）是也，一勁剛，一善發人，一善柔化，或謂三人各得先生之一體，有筋骨皮之分，旋

從先生命，均拜班侯之門，稱弟子云，至保亭先生爲人和藹，生平不輕與人較技，卽較技亦必讓人三著，蓋其天性使然也，得其傳者，僅王有林字茂齋，郭芬字松亭，吳愛紳字鑑泉，王茂齋先生性質樸實，造藝精純，更能博通內外諸家，其太極工夫，已至爐火純淸，登峯造極，凡有就學之者，並不吝珠玉，傾心敎而授之得其傳者，有彭廣義（字仁軒）等，約數百餘人，均受業焉，

第二章 第二節 太極拳論

太極者，由無極而生陰陽之母也，動之則分，靜之則合，無過不及，隨曲就伸，人剛我柔謂之走，我順人背謂之粘，動急則急應，動緩則緩隨，雖變化萬端，而理爲之一貫，由著熟而漸悟懂勁，由懂勁而階及神明，然非用功之久，不能豁然貫通焉，須領頂勁，氣沉丹田，不偏不倚，忽隱忽現，左重則左虛，右重則右杳，仰之則彌高，俯之則彌深，進之則愈長，退之則愈促，一羽不能加，蠅虫不能落，人不知我，我獨知人，英雄所向無敵，蓋皆由此而及也，斯技旁門甚多，雖勢有區別，槪不外乎壯欺弱，慢讓快耳，有力打無力，手慢讓手快，是皆先天自然之能，非關學力而有所爲也，察四兩撥千斤之句，顯非力勝，觀耄

耋能禦衆之形，快何能爲，立如平準，活似車輪，偏沉則隨，雙重則滯，每見數年純功不能運化者，率皆自爲人制，雙重之病未悟耳，欲避此病，須知陰陽，粘卽是走，走卽是粘，陰不離陽，陽不離陰，陰陽相濟，方爲懂勁，懂勁之後，愈練愈精，默識揣摩，漸至從心所欲，本爲捨已從人，多誤捨近求遠，所謂謬之毫釐，差之千里，不可不詳辨焉，是以爲論，

第三章 第一節 太極拳釋名

太極拳，一名長拳，又名十三式長拳者，如長江大海，滔滔不絕也，十三式者，掤攦擠按採挒擱撬進退顧盼定也，掤攦擠按，卽坎離震兌四正方也，採挒擱撬，卽乾坤艮巽四斜角也，此八卦也，進步退步左顧右盼中定，卽金木水火土也，此五行也，合而言之曰十三式，是拳技也，一著一勢，均不外乎陰陽，故名之曰太極拳，

第三章 第二節 太極圈歌

退圈容易進圈難，不離腰項後與前，所難中土不離位，退易進難仔細研，此爲勁功非站定，倚身進退並比肩，能如水磨催急緩，雲龍風虎象週旋，要用天盤從此覔，久而久

之，出自然，

第四章
第一節　八門五步法

掤（南）攌（西）擠（東）按（北）採（西北）挒（東南）搠（東北）擠（西南）方位，坎離震兌乾坤艮巽八門也，參照下列附圖

方位八門，乃陰陽顛倒之理，週而復始，隨其所行也，總之四正隅，不可不知矣，夫掤攌擠按，是四正之手，採挒搠擠，是四隅之手，合隅正之手，得門位之卦，以身分步五行，意在支撐八面，五行者，進步（火）退步（水）左顧（木）右盼（金）中定（土也）夫進退爲水火之步，顧盼爲金木之步，以中土爲樞極之軸，懷八卦脚跐五行，手步八門，其數十三，出於自然十三勢也，名之曰八門五步，

第五章
第一節　十三式總論

一舉動身週俱要輕靈，尤須貫串，氣宜鼓盪，神宜內歛，

無使有缺陷處，無使有高低（凸凹）處，無使有斷續處，其根在脚，發於腿，主宰於腰，行於手指，由脚而腿而腰，總須完整一氣，向前退後，乃得機得勢，有不得機不得勢處，身便散亂，其病必於腰腿求之，上下前後左右皆然，凡此皆是意不在外，有上卽有下，有左卽有右，有前卽有後，如意要向上，卽寓下意，若將物掀起而加以挫之之意，斯其根自斷，乃壞之速而無疑，虛實宜分淸楚，一處自有一處虛實，處處總有一虛實，週身節節貫串，勿令絲毫間斷耳，

第五章
第二節　十三式行功心解

以心行氣，務令沉著，乃能收歛入骨，以氣運身，務令順遂，乃能便利從心，精神能提得起，則無遲重之虞，所謂項頭懸也，意氣須換得靈通，乃有圓活之趣，所有變轉虛實也，發勁沉著，鬆靜專注一方，立身須中正安舒，支撐八面，行氣如九曲珠，無微不利，運勁如煉剛，何堅不摧，形如搏兎之鵠，神如捕鼠之貓，靜如山岳，動似江河，蓄勁如開弓，發勁如放箭，曲中求直，蓄而後發，力由脊發，步隨身換，收即是放，斷而復連，往復須有摺疊，進

退須有轉換，極柔軟然後極堅剛，能呼吸然後能靈活，氣以直養而無害，勁以曲蓄而有餘，心爲令，氣爲旗，腰爲纛，先求開展，後求緊湊，乃可臻於縝密矣，

又曰先在心，後在身，腹鬆氣歛入骨，神舒體靜，一動無有不動，一靜無有不靜，牽動往來，氣貼背，歛入脊骨，內固精神，外示安逸，邁步如貓行，運動如抽絲，全身意在精神不在氣，在氣則滯，有氣者無力，無氣者純剛，氣如車輪，腰如車軸，

第五章 第三節 十三式行功歌

十三總勢莫輕視　命意源頭在腰際
變轉虛實須留意　氣徧身軀不稍痴
靜中觸動動猶靜　因敵變化是神奇
勢勢存心揆用意　得來不覺費功夫
刻刻留意在腰間　腹內鬆靜氣騰然
尾閭中正神貫頂　滿身輕利頂頭懸
仔細留心向推求　屈伸開合聽自由
入門引路須口授　功用無息法自休
若言體意何爲準　意氣君來骨肉臣
詳推用意終何在　益壽延年不老春

歌兮歌兮百四十　字字眞切義無疑
若不向此推求去　枉費功夫遺嘆惜

第六章 第一節 用功有四忌

此功夫近於道學崇尚信重道德不能有酒色財氣謂之四戒也
忌飲過量之酒　忌當色者（夫婦之道又將有別，）
忌取不義之財　忌動不合中之氣（一飲一啄在內，）

第六章 第二節 用功三小忌

凡食多飲多睡多之時忌用功夫雖於身體無害而以無益也

食多時飲多時　睡多時（恐其有害於中氣也，）

第六章 第三節 用功五誌

博學（是要多用功夫）　審問（不是口問是聽勁）　愼思（聽而後留心想念）　明辨（生生不已）　篤行（如天行健）

第七章 第一節 太極拳各勢名稱目次

(1) 預備式　(2) 攬雀尾　(3) 單鞭
(4) 提手上式　(5) 白鶴晾翅　(6) 左摟膝拗步
(7) 琵琶式　(8) 左摟膝拗步　(9) 右摟膝拗步
(10) 左摟膝拗步　(11) 右摟膝拗步　(12) 左摟膝拗步

(13) 手揮琵琶式
(14) 上步搬攔捶
(15) 如封似閉
(16) 十字手
(17) 摟膝拗步
(18) 抱虎歸山
(19) 攬雀尾
(20) 斜單鞭
(21) 肘底看捶
(22) 左倒攆猴
(23) 右倒攆猴
(24) 左倒攆猴
(25) 右倒攆猴
(26) 左倒攆猴
(27) 斜飛式
(28) 提手上式
(29) 白鶴晾翅
(30) 摟膝拗步
(31) 海底針
(32) 扇通臂
(33) 撇身捶
(34) 卸步搬攔捶
(35) 上步攬雀尾
(36) 單鞭
(37) 左雲手
(38) 右雲手
(39) 左雲手
(40) 右雲手
(41) 左雲手
(42) 左高探馬

(43) 右分脚
(44) 右高探馬
(45) 左分脚
(46) 轉身蹬脚
(47) 左摟膝拗步
(48) 右摟膝拗步
(49) 進步栽捶
(50) 反身撇身捶
(51) 左高探馬
(52) 右分脚
(53) 右打虎式
(54) 左打虎式
(55) 披身踢脚（又名二起脚）
(56) 雙風貫耳
(57) 左右蹬脚
(58) 右摟膝拗步
(59) 左摟膝拗步
(60) 手揮琵琶式
(61) 上步搬攔捶
(62) 如封似閉
(63) 十字手
(64) 摟膝拗步
(65) 抱虎歸山
(66) 攬雀尾
(67) 斜單鞭
(68) 看式
(69) 右野馬分鬃
(70) 左野馬分鬃
(71) 右野馬分鬃
(72) 左野馬分鬃

(73) 右野馬分鬃
(74) 看式
(75) 右野馬分鬃
(76) 上步左玉女穿梭
(77) 轉身右玉女穿梭
(78) 看式
(79) 右野馬分鬃
(80) 上步左玉女穿梭
(81) 轉身右玉女穿梭
(82) 上步按手
(83) 上步攬雀尾
(84) 單鞭
(85) 左雲手
(86) 右雲手
(87) 左雲手
(88) 右雲手
(89) 左雲手
(90) 單鞭
(91) 下式
(92) 右金鷄獨立
(93) 左金鷄獨立
(94) 左倒攆猴
(95) 右倒攆猴
(96) 左倒攆猴
(97) 右倒攆猴
(98) 左倒攆猴
(99) 斜飛式
(100) 提手上式
(101) 白鶴晾翅
(102) 左摟膝拗步

(103) 海底針
(104) 扇通臂
(105) 撇身捶
(106) 上步搬攔捶
(107) 上步攬雀尾
(108) 單鞭
(109) 左雲手
(110) 右雲手
(111) 左雲手
(112) 右雲手
(113) 左雲手
(114) 單鞭
(115) 左高探馬
(116) 撲面掌
(117) 轉身十字擺蓮
(118) 右摟膝拗步
(119) 上步摟膝指襠捶
(120) 上步攬雀尾
(121) 單鞭
(122) 下式
(123) 上步騎鯨
(124) 退步跨虎
(125) 轉身撲面掌
(126) 轉身雙擺蓮
(127) 右彎弓射虎
(128) 左彎弓射虎
(129) 上步攬雀尾
(130) 單鞭
(131) 上步錯捶
(132) 攬雀尾

(133) 單鞭

(134) 合太極(收式)

第七章 第三節　太極拳各勢圖解

預備式(分一動)

第一圖　預備式

(一)身體直立，兩手下垂，腕與胯齊，掌心下按，手指向前，兩目向前平視，兩足距離與肩寬相等，如圖，(此勢以體靜神舒，氣沉丹田，精神貫於頭項，全身需要靈活無絲毫着力之處，任其自然，)

攬雀尾(分四動)

第二圖　攬雀尾(一)

第三圖　攬雀尾(二)

(一)由前式左足前出半步，左膝在前爲弓，右腿在後蹬直，同時左臂上提彎於胸前，手心向內，右手手心按於左手脈門之上，手心向外，

(二)身體向右轉，(足尖與身體同一方向，)右膝前曲，左腿伸直，右臂前伸，手心向上，左手手心向下，手指按右脈門，

第四圖　攬雀尾(三)

第五圖　攬雀尾(四)

(三)兩手翻轉，右手手心向下，左手心向上，手指不離右手脈門，左腿後坐，兩臂向懷內合攬，

(四)兩手翻轉，右手手心向上，左手手心向下，手指不離脈門，右手向左前方伸直，右腿隨之前曲，右手向右向後平繞一環形至頭部右側方，右手與肘宜垂直，左手手指仍按於右手脈門如圖，一，二，三，四，(此勢運動身體腹腰肩背各部，手尖路綫須成一環形，腰脊隨之動作，方能靈活)

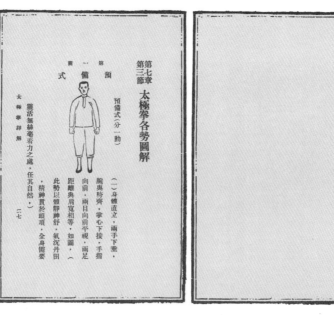

單鞭式（分二動）

第六圖
單鞭
（一）

（一）由前式右手作成勾形，同時右脚以足根爲軸向左旋轉約十九度，左手手指仍在右手脈門處

第七圖
單鞭
（二）

（二）左臂肘以上略成水平，肘以下略成垂直，手背向外，兩目注視手心，由右手脈門處向左橫移至頭部左前方，手心翻轉向外，於左手橫移時，左脚向左後方移動約半足，成騎馬式，兩手離開約一百五十度，如圖一，二，（此勢運動腰腿及兩臂，務須靈活自然，）

提手上式（分二動）

第八圖
提手上式
（一）

第九圖
提手上式
（二）

（一）由前式右足前上半步，右臂彎於胸前，手心向內，左手手指按於右手脈門，

（二）左足向右足靠攏，左手背向上，橫於胸前手，右手上提至頭之前上方，手心翻轉向上，左手下按至小腹處，如圖（此勢兩眼須注視手之動作，並須提頂勁，使腰腿隨之伸縮爲宜，）

白鶴晾翅（分二動）

第十圖
白鶴晾翅
（一）

第十一圖
白鶴晾翅
（二）

（一）由前式左手由身體左側向上走一環形至頭頂上方伸直，腰部隨左手之動作向左彎轉，右臂伸直兩手向外，

（二）兩手心轉向內方，兩臂肘以下垂直，停於胸前，同時兩腿并攏向下蹲，如圖一，二，（此勢兩臂與兩腿協同動作爲要，兩眼注視兩手，）

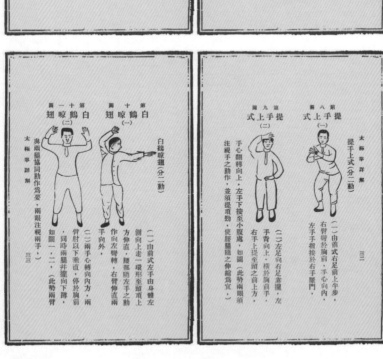

第十二圖　左摟膝拗步（一）

第十三圖　左摟膝拗步（二）

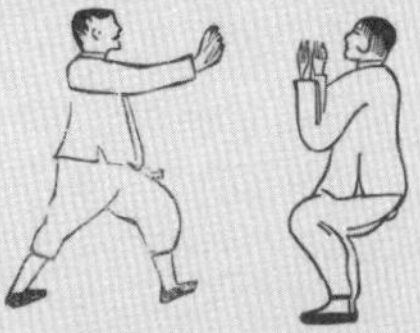

左摟膝拗步（分二動）

（一）由前式身體向下蹲身再向左轉，左足前出一步，左腿在前爲弓，右腿在後蹬直，同時左手由下向左摟左膝，停於左胯旁，同時右手手心向內，手指向前，由耳之上方向前伸掌，俟臂微直，則手指向上，手心向外，如圖，（此勢練腰腿臂各部務須一致動作，）

第十四圖　琵琶式（一）

琵琶式（分一動）

（一）由前式身體後坐，體之重力移於右腿，左腿蹬直，足尖翹起，左臂由下向上提，肘以下垂直，於胸前，手指向上，拇指對準鼻尖，手心向右，右手收回，手心向左，在左肘下方，拇指與左肘接觸，如圖，（此勢運動時體臂腿務須一致，）

第十五圖　左摟膝拗步（一）

左摟膝拗步（分一動）

（一）由前式左足踏地，左膝在前爲弓，曲右腿在後蹬直，左手手心向下摟左膝，置於左胯旁，同時右手手指向前，手心向內，自右耳上方向前伸出，俟臂微直，則手指向上，手心向外，如圖，

第十六圖　右摟膝拗步（一）

右摟膝拗步（分一動）

（一）由前式右足前踏一步，右膝在前爲弓，左腿在後蹬直，右手手心向下摟右膝置於右胯，同時左手手指向前，手心向內，自左耳上方向前伸出，俟臂微直則手指向上，手心向外，

左摟膝拗步與前式同十三圖

右摟膝拗步與前式同十五圖

左摟膝拗步與前式同十三圖

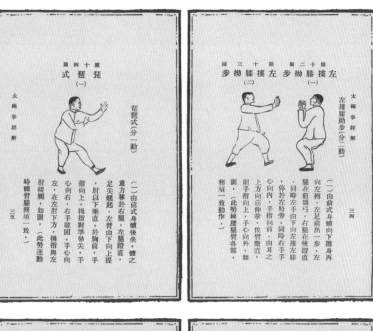

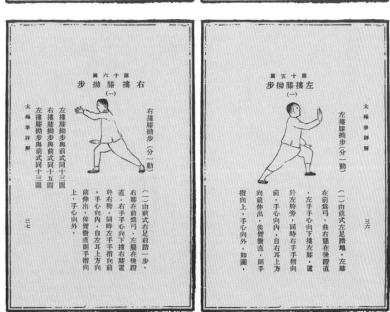

第十七圖
手揮琵琶式
(一)

第十八圖
進步搬攔捶
(一)

手揮琵琶式(分一動)

兩手手心參差相對，兩手掌之外側向左下方攄一小環形，右足向前與左足靠攏，如圖，(此勢兩手運動時腰部須隨之用力，)

進步搬攔捶(分二動)

(一)由前式兩手手心斜對，兩掌外側向左下方，兩手由右向左攄一大環形，同時左足前出一步，左腿在前爲弓

第十九圖
進步搬攔捶
(二)

體之重力在左腿上，兩手收回停於胸前，左手爲掌，手指向上，手心向右，右手爲拳，拳眼向上輕貼於左手手心，在兩手收回時，上體後坐，體之重力移於右腿上，左足足尖翹起，

(二)右拳向前打出，拳眼向上，同時左足着地在前爲弓，右腿在後伸直，如圖一，二，(此勢運動腰脊腿臂各部，腰脊用力不可將上體向前探出)

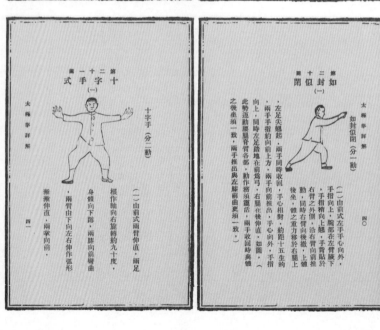

第二十圖
如封似閉
(一)

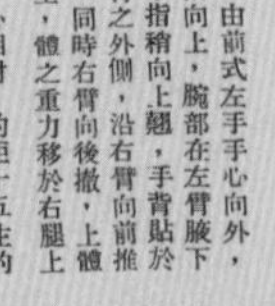

如封似閉(分一動)

(一)由前式左手手心向外，手指向上，腕部在左臂腋下，手指稍向上翹，手背貼於右臂之外側，沿右臂向前推動，同時右臂向後撤，上體後坐，體之重力移於右腿上，左足尖翹起，兩手同時收回，手心相對，約距十五生的，兩手手指約向前上方，兩手向前推出，手心向外，手指向上，同時左足踏地在前爲弓，右腿在後伸直，如圖，(此勢運動腰腿脊臂各部，動作務須靈活，兩手收回時與體之後坐須一致，兩手推出與左膝前曲更須一致，)

第二十一圖
十字手式
(一)

十字手(分二動)

(一)由前式兩臂伸直，兩足根作軸向右旋轉約九十度，身體向下蹲，兩膝向前彎曲，兩臂由下向左右伸作弧形，漸漸伸直，兩掌向前，

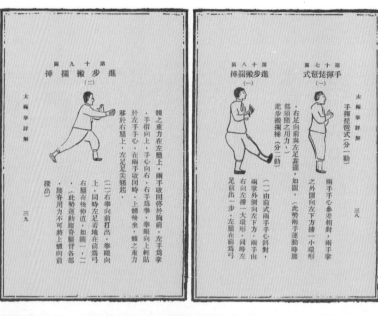

第二十二圖

十字手式

（二）

（二）靠左足，兩手漸次向上翻轉，在頭頂上交叉作斜十字形，左手手心向外，右手手心向內，如圖一，二，（此勢練習時應連續以下各部不可稍有停滯，）

第二十三圖

左摟膝拗步

（一）

左斜摟膝拗步（分一動）

（一）由前式右手不動，左手向下摟左膝，左足向左前方踏出一步，左膝在前爲弓，同時右手手心向內，手指向前，自右耳上方向前伸出，俟臂徹直則手指向上，手心向外，

第二十四圖

抱虎歸山

（一）

抱虎歸山（分一動）

（一）由前式提起右足以左足根爲軸向右後旋轉約一百八十度，轉時右手向下摟右膝，右足着地，在前爲弓，同時左手手心向內，手指向前，自左耳上方向前伸出，俟臂徹直則手指向上，手心向外，如圖（此勢宜腰身腿臂連成一氣，）

攬雀尾同前式之二，三，四，五圖

斜單鞭與單鞭式六，七圖同

第二十五圖

肘底看捶

（一）

肘底看捶（分一動）

（一）右足向左前方上一步，身體隨之向左旋轉約九十度，同時兩手由右向左走一環形至左脇下爲拳，拳眼向上，左拳在上，右拳在下，左足收回足尖着地作丁字形，同時左拳豎起與左肩同高，左臂肘以下垂直，同時右拳移於左肘下，兩眼向前平視，如圖，（此勢腰腿臂連合動作勿須用力切要靈活，）

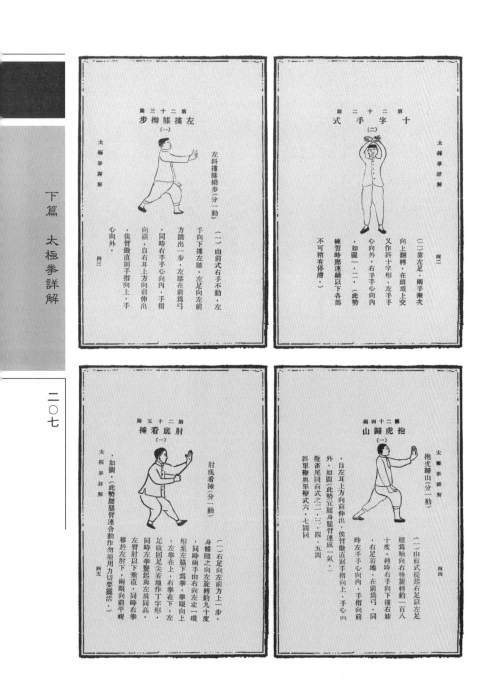

第二十六圖
左倒攆猴
(一)

左倒輦猴(分一動)

(一)由前式提左足向後退半步伸直，右腿在前爲弓，同時左手順左耳旁向前伸平，手指上翹，手心向外，如圖(此勢兩腿宜微曲手須與眼齊)

第二十七圖
右倒攆猴
(二)

右倒輦猴(分一動)

(一)由前式左足不動，身體向後坐，重力移於左足，右足向後退一步伸直，左腿在前爲弓，同時右手順右耳旁向前伸平，手指上翹，手心向外，

左倒輦猴同前式十三圖
右倒輦猴同前式十五圖
左倒輦猴同前式十三圖

第二十八圖
斜飛式
(一)

斜飛式(分一動)

(一)由前式左足前踏一步同時左手移於胸前，手心向上，，同時右手向左走一環形，於左手上，手心向下，左手向左前上方伸直，同時右手向右後下方伸直，置於右跨旁，左腿在前爲弓，右腿在後蹬直，兩眼注視左手，如圖，(此勢須靈活，臂手腿一致動作爲要)

提手上式同前八，九圖
白鶴晾翅同前十，十一，圖
左轉身摟膝拗步同前十五圖

第二十九圖
海底針
(一)

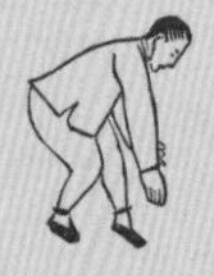

海底針 (分一動)

(一)由前式左足收回在右足左側，足尖着地，同時右手撤回，手指向下，手心向左，左手扶於右手脈門處，右臂向下伸直，兩膝前曲，身體向下蹲，如圖 (此勢活動腰臂腿)

第三十圖
扇通臂
(一)

扇通臂（分一動）

(一)由前式右臂上提至頭部前上方，肘以下成水平手心向上，左手即沿右臂向左平伸，手心向左，手指向上，同時以右足根爲軸身體向右轉九十度，左足向左橫踏一步，身體下蹲，成騎馬式，如圖，（此勢練腿及肩背力。）

第三十一圖
右轉撇身捶
(一)

右轉身撇身捶（分一動）

(一)由前式右手向右下方落變拳，手背向下，左手附於右脈門處，同時提起右足，以左足根爲軸身體向右轉九十度，右足即向右前方踏出一步，同時右拳由左向上再向右前方畫一弧形，手臂向下向右後方打，如圖，（此勢於轉身時，臂腿動作以腰脊爲樞紐，庶能靈活）

第三十二圖
卸步搬攔捶
(一)

卸步搬攔捶（分二動）

(一)由前式兩手變掌，手心斜對，兩手合掌向左下方，由右向左擄一大環形，同時右足向後撤一步，上體向後坐，左足尖翹起，兩手擄至胸前，左手手指向上，手心向右，右手爲拳，拳眼向上，輕貼於左手心，

第三十三圖
卸步搬攔捶
(二)

卸步搬攔捶

(二)向前弓身打出右拳，左腿在前爲弓，右腿在後蹬直，如圖（此勢臂腿之動作須一致）

上步攬雀尾（分四動）

(一)由前式右足前踏一步，右腿在前爲弓，左腿在後蹬直，右手變掌，手心向下，左手附於右脈門，

均同前二，三，四，五圖

單鞭同前六，七，圖

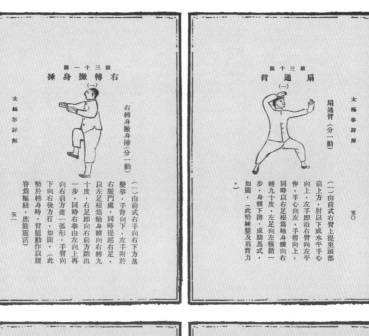

第三十四圖

左雲手

（一）

左雲手（分一動）

（一）由前式上體隨右臂向右斜伸，右膝曲左腿橫蹬直，左手下落至左膝，再向右上方走一環形，右手落下，左手手心向內，與眼同高兩眼注視手心，由面前向左橫移至頭之左側，臂伸直，手心翻轉向外，上體隨左手之動作重力移於左腿上，左膝曲，同時右手向左上方走一環形，如圖，（此勢運動腰脊腿臂，靈活一致爲要，）

第三十五圖

右雲手

（一）

右雲手（分一動）

（一）由前式左手落下，右手手心向內，由面前向右橫移至頭之右側，臂伸直，手心翻轉向外，同時左手向右上方走一環形，右足於右手橫移時，向左移動，與左足幷攏，如圖

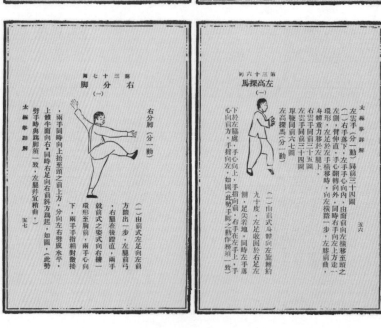

第三十六圖

左高探馬

（一）

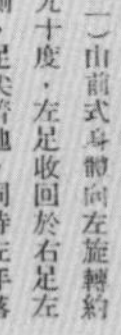

左雲手（分一動）同前三十四圖

（一）右手落下，左手手心向內，由面前向左橫移至頭之左側，臂伸直，手心翻轉向外，同時右手向左上方走一環形，左足於左手橫移時，向左橫踏一步，左膝前曲，身體重力移於左腿上，

右雲手同前三十五圖

左雲手同前三十四圖

單鞭同前六七圖

左高探馬（分一動）

（一）由前式身體向左旋轉約九十度，左足收回於右足左側，足尖着地，同時左手落下於左脇處，手心向上，手指向前，右手在左手上，手心向前方，手指向左，如圖（此勢手脚之動作務須一致）

第三十七圖

右分脚

（一）

右分脚（分一動）

（一）由前式左足向左前方踏出一步，左腿前弓，右腿在後蹬直，兩手就前式之姿式向右摟一環形至胸前，兩手心向下，兩手手指相對微接，兩手同時向上抬至頭之前上方，分向左右劈成水平，上體半面向右•同時右足向右前斜方踢起，如圖，（此勢劈手時與踢脚須一致，左腿幷宜稍曲，）

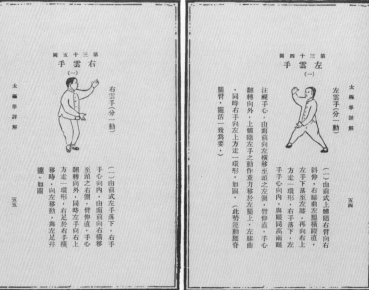

第三十八圖
右高探馬
(一)

右高探馬(分一動)

(一)由前式右足向右前方落出一步，足尖着地，同時右手落至右脇處，手心向上，手指向前，左手在右手之上，手心向前下方，手指向右，如圖，

第三十九圖
左分脚
(一)

左分脚(分一動)

(一)由前式，右足全部着地，右腿前弓，左腿在後蹬直，兩手就前式之姿勢向左摟一環形，至胸前，兩手心向下，兩手指相對微接，兩手同時向上抬至頭之前上方，分向左右劈成水平，上體半面向右，同時左足向左前方踢起，如圖，

第四十圖
轉身蹬脚
(一)

轉身蹬脚(分一動)

(一)由前式以右足根爲軸身體向左後方旋轉九十度，左足落至右足左側，足尖着地，兩手收回於胸前，兩手向下，兩手指相對微接，兩手分向左右劈成水平，同時左足向左踢起，如圖，(此勢轉身時須直立，不可前俯後仰，)

左摟膝拗步同前十三圖

右摟膝拗步同前十五圖

第四十一圖
進步栽捶
(一)

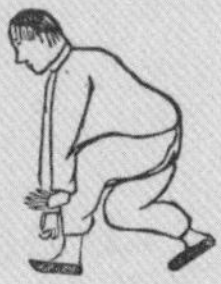

進步栽捶(分一動)

(一)由前式，左足前進半步，右手提至右耳邊爲拳，右足移於左足右後方約距二十生的，兩膝前曲，身體下蹲，同時右拳向下捶打，左手附於右脈門，兩目注視右拳，如圖，(此勢宜用腰脊力，頭部兩眼視於足尖之垂直綫，)

第四十二圖
翻身撇身捶
(一)

翻身撇身捶(分一動)

(一)由前式拳及右腿同時提起，以左足根爲軸向右後旋轉一百八十度，右足向右前方踏出一步，右拳手背向下爲拳，與右足同一方向向下打，左手附於右脈門，兩眼注視右拳，如圖(此勢臂腿須一致，轉身時身體不可後仰，)

左高探馬同前三十六圖

右分脚同前三十七圖

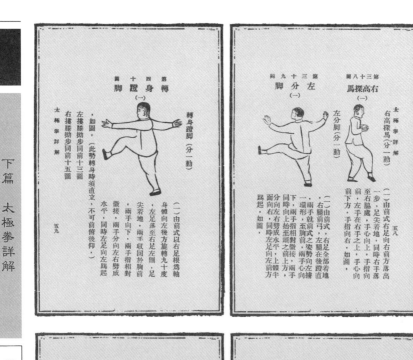

第四十三圖
右打虎式
(一)

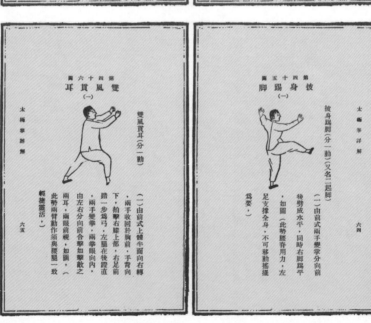

右打虎式(分一動)

(一)由前式右足向右後方撤一大步，同時左足收回於右足左側，足尖着地，同時右手落下變拳，向上伸直，拳眼向後，左手變拳在右腋下拳眼緊附右脇，身體微向下蹲半面向右，兩眼前視，如圖，(此勢宜用腰脊力)

第四十四圖
左打虎式
(一)

左打虎式(分一動)

(一)由前式左足向左後方撤一大步，同時兩拳落下，提起右腿，右足護襠，左拳向左上方伸直，拳眼向後，右拳橫於面前，肘與右膝相接，身體半面向左，兩眼前視，如圖，

第四十五圖
披身踢脚
(一)

披身踢脚(分一動)(又名二起脚)

(一)由前式兩手變掌分向前後劈成水平，同時右脚踢平，如圖，(此勢腰脊用力，左足支撐全身，不可移動搖擺爲要，)

第四十六圖
雙風貫耳
(一)

雙風貫耳(分一動)

(一)由前式上體半面向右轉，兩手收回於胸前，手背向下，拍擊右膝上部，右足前踏一步爲弓，左腿在後蹬直，兩手變拳，兩拳眼向內，由左右分向前合擊如擊敵之兩耳，兩眼前視，如圖，(此勢兩臂動作須與腰腿一致輕捷靈活，)

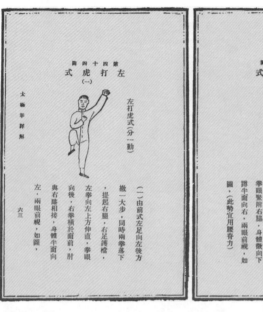

第四十七圖

披身蹬脚

(一)

披身蹬脚(分二動)

(一)由前式兩手位置不動。以兩足掌爲軸上體向右轉九十度,兩膝彎曲,將身蹲下

第四十八圖

披身蹬脚

(二)

(二)兩手分向左右臂成水平,同時左足向左腿處移動,身體以右足掌爲軸向右後旋轉約一百八十度,左足落於右足左側,同時兩手仍回至胸前,兩手心向下,手指相對微接,

第四十九圖

轉身蹬脚

(一)

(一)兩手分向左右劈成水平同時右足向右踢起與右分脚同,如圖,(此勢蹬脚時須足踵用力,)

右摟膝拗步同前十五圖

左摟膝拗步同前十三圖

手揮琵琶式同前十六圖

上步搬攔捶同前十八圖

如封似閉同前十九圖

十字手同前式二十圖 二十一圖

左摟膝拗步同前十三圖

右轉身抱虎歸山同前十五圖

攬雀尾同前二三四五圖

斜單鞭同單鞭式六,七圖與正單鞭同

看式(分一動)

第五十圖

看式

(一)

(一)由前式右足撤回,足尖在前翹起,身體後坐,重力移於左腿上,右手爲掌,豎於面前,拇指對準鼻端,左

手在右肘下，拇指與右肘接觸，兩眼前視，如圖，（此勢用腰脊力臂腿一致，）

右野馬分綜（分一動）

第五十一圖
右野馬分綜
（一）

（一）由前式右足向右前方上一大步，同時兩手交叉於胸前，左手在上，手心向下，右手在下，手心向上，右臂即向右前上方斜伸徵直，上體隨之斜伸，與右臂成一致，右腿前弓，左手向左下方伸直，左腿在後蹬直，兩眼注視左手，如圖（此勢須腰腿臂一致，全身舒展，）

左野馬分綜（分一動）

第五十二圖
左野馬分綜
（一）

（一）由前式左足向左前方上一大步，兩手交叉於胸前，右手在上，手心向下，左手在下，手心向上，左臂即向左前上方斜伸徵直，上體隨之斜伸，與左臂成一致，左腿前弓，右手向右下方伸直，右腿在後蹬直，兩眼注視右手，如圖，

右野馬分綜同前五十一圖

左野馬分綜同前五十二圖

右野馬分綜同前五十一圖

看式同前五十圖

右野馬分綜同前五十一圖

上步左玉女穿梭（分二動）

第五十三圖
左玉女穿梭
（一）

（一）由前式左足向左前方上一大步，左手橫於胸前，約距十生的，手心向上，右手附於左手脈門處，左手向前左方平走一環形，右手不離左手脈門，左手橫於頭頂上

，手心向上，同時上體後坐，重力移於右腿上，右掌即豎於胸前，手心向左

第五十四圖
左玉女穿梭
（二）

（二）右掌向前推出，上體隨之推進，左腿前弓，右腿在後蹬直，如圖，（此勢方向半面向左，但身體仍須中正，）

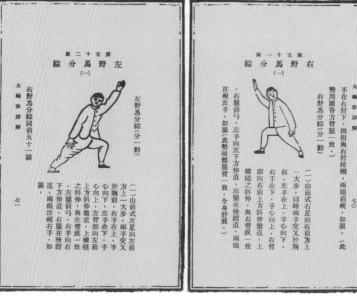

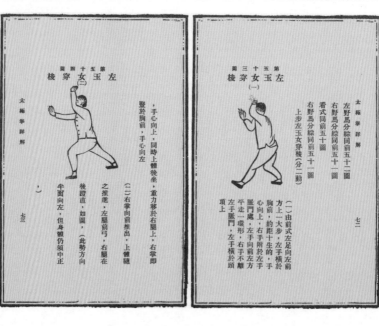

第五十五圖
右玉女穿梭
(一)

轉身右玉女穿梭(分二動)

(一)由前式提起右足以左足根爲軸由右向後轉一百八十度，右足落於右前方，同時右手橫於胸前，約距十生的，手心向上，左手附於右手脈門處，右手向右前方平走一環形，左手不離右手脈門處，右手橫於頭頂上，手心向上，同時上體後坐，重力移於左腿上，左掌卽豎於胸前，手心向右，

第五十六圖
右玉女穿梭
(二)

(二)左掌向前推出，上體隨之推進。右腿前弓，左腿在後蹬直，如圖

看式同前五十圖
右野馬分鬃同前五十一圖
上步左玉女穿梭同前五十三、四、圖
轉身右女穿梭同前五十五、五十六、圖

第五十七圖
上步推按
(一)

上步按手(分一動)

(一)由前式左足前上一步，同時兩手心向下，向前下方按，兩臂肘以下約成水平，右足再前上一步，如圖，(此勢臂腿宜靈活，)

攬雀尾同前二、三、四、五、圖
單　鞭同前六、七、圖
右雲手同前三十五圖
左雲手同前三十四圖
右雲手同前三十五圖

第五十八圖
下　式
(一)

左雲手同前三十四圖
右雲手同前三十五圖
單　鞭同前六、七、圖

下　式(分二動)

(一)由前式以兩足掌爲軸，身體半面向左轉，重力移於左腿上，左腿在前爲弓，右腿在後蹬直，同時左手位置不動，右手橫移，微接於左手脈門，兩手手指向左

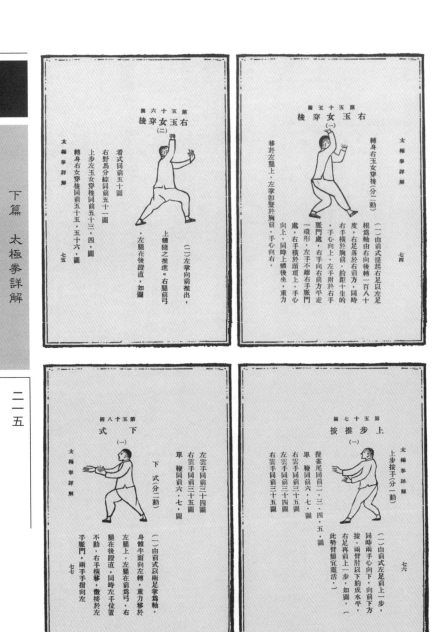

第五十九圖
下式
(二)

(二)兩手向後向下走一弧形至檔前，同時身體重力移於右腿上，右腿極力下蹲，左腿伸直，兩足尖不可翹起，如圖一，二，(此勢蹲身時，腰脊須直立，不可前傾)

第六十圖
右金鷄獨立
(一)

第六十一圖
左金鷄獨立
(一)

右金鷄獨立(分一動)

(一)由前式兩手向前上方挑起，身體隨之，重力移於左腿上，同時右腿曲膝提起，膝蓋以下垂直，右臂肘以下垂直於胸前，肘與右膝接觸，左手落下於前下方，如圖(此勢樞紐在腰脊不可搖動)

左金鷄獨立(分一動)

(一)由前式右臂與右腿同時落於右方，同時左臂曲肘與左膝相接，挂起左腿，左臂肘以下垂

直於胸前，左腿膝以下垂直，如圖，

左倒攆猴同前二十六圖
右倒攆猴同前二十七圖
左倒攆猴同前二十六圖
斜飛式同前二十八圖
提手上式同前八，九，圖
白鶴晾翅同前十，十一，圖
左轉身摟膝拗步同前十三，圖
海底針同前二十九圖
扇通臂同前三十圖
右轉身撇身捶同前三十一圖

上步搬攔捶同前十八圖
上步攬雀尾同前二，三，四，五，圖
單　鞭同前六，七，圖
左雲手同前三十四圖
右雲手同前三十五圖
左雲手同前三十四圖
單　鞭同前六，七，圖
左高探馬同前三十六圖

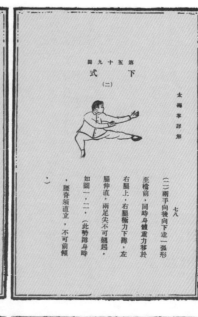

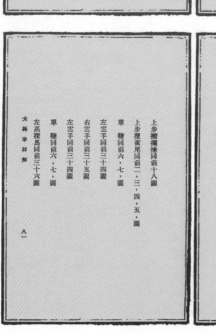

第六十二圖
撲面掌
（一）

撲面掌（分一動）

（一）由前式右手手心向下，由左手外側翻轉落於左脇，同時左手上抬，俟右手落下，左手手心即翻轉向外，手指向右，用掌向前推出，同時左足前踏一步爲弓，右腿在後蹬直，如圖，（此勢足之起落須與手一致，左掌推出時，身體須隨之推進，）

第六十三圖
十字擺蓮
（一）

第六十四圖
十字擺蓮
（二）

轉身十字擺蓮（分二動）

（一）由前式以左足掌爲軸，身體由右向後轉一百八十度，同時身體重力移於左腿上，左膝前曲，右足在左足前約一足之地，足尖着地，左臂在右臂上交义於胸前，

（二）右足向左前方踢起，腳面崩直，向右成一環形落下，右足踢起時，左手以手背拍擊腳面，同時右手摟膝，兩手向左右分開，如圖一二

第六十五圖
摟膝指襠捶
（一）

（此勢靈活爲要，）

右摟膝拗步同前十五圖

上步摟膝指襠捶（分一動）

（一）由前式左足前踏一步，在前爲弓，右腿在後蹬直，同時左手手心向下摟左膝，同時右手爲拳，向敵之襠間打出，左手扶於右手脈門，兩眼注視右拳，如圖（此勢以腰脊力助右拳打出，但不可滯板，）

第六十六圖
上步騎鯨
（一）

上步攬雀尾同前二，三，四，五，圖

單　鞭同前六，七，圖

下式同前五十八，五十九，圖

上步騎鯨（分一動）

（一）由前式身體重力移於左腿上，稍向下蹲，右足前上一步，在左足前一足之地，足尖着地，兩手在頭之前上方交义，左手手心向內，右手手心向外，兩手背相接，如圖）此勢腰脊宜直不可前傾，）

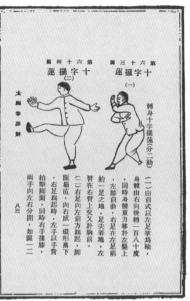

第六十七圖

退步跨虎

（一）

退步跨虎（分一動）

（一）由前式右足向後撤一步，同時身體微向前傾，以足掌爲軸向右轉，左足收回在右足左側，足尖著地，兩腿稍向下蹲，同時兩手至左膝下前後分開，右手在前爲掌，手指向上，手心向左，手與眉齊，臂微直，左手在後下方，五指并攏爲勾，兩眼向左平視，如圖，（此勢全身重力在右足上，）

第六十八圖

轉身雙擺蓮

（一）

轉身撲面掌（分一動）

（一）由前式以右足爲軸，身體向右轉，左足前踏一步在前爲弓，右腿在後蹬直，同時右手手心向下，由左手外側翻轉落於左脇，同時左手上抬，俟右手落下，手心卽翻轉向外，手指向右，用掌向前推出，兩眼向前平視，同前六十二圖，

轉身雙擺蓮（分二動）

（一）由前式以左足根爲軸，由右向後轉一百八十度，重力移在左腿上，同時兩手橫移至體之右側，

第六十九圖

轉身雙擺蓮

（二）

（二）右足由左前方踢起，向右成一環形落下，同時兩手向左拘掛右脚面，如圖一二，（此勢宜靈活不可滯板），

第七十圖

右彎弓射虎

（一）

右彎弓射虎（分一動）

（一）由前式兩手向右向上走一環形至右上方•兩手爲拳•拳眼相對，手心向外，兩拳向左前下方打出，同時右腿前弓，左腿在後蹬直，上體微向左灣，兩眼注視兩拳，如圖，（此勢右脇宜伸展，）

第七十一圖

左彎弓射虎

（一）

左彎弓射虎（分一動）

（一）由前式兩拳向右落下爲掌，向左上方走一半環形至左上方爲拳同時左足向左前方上一大步，拳眼相對手心向外，兩拳向右前下方打出，左腿前弓，右腿在後蹬直，上體微向右灣，兩眼注視兩拳，如圖，

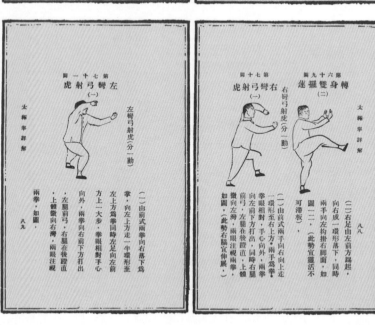

上步攬雀尾同前二，三，四，五，圖

單鞭同前六，七，圖

上步錯捶（分一動）

第七十二圖　上步錯捶　(一)

（一）由前式以兩足掌爲軸，身體向左轉，左手不動，右手爲拳，拳眼向上，落下貼於右脇，肘以下成水平，

（二）右拳向前平打，右足同時上一大步，右腿前弓，左腿在後蹬直，兩眼注視右拳，如圖，（此勢右拳打出時宜用腰脊力，）

攬雀尾同前，二，三，四，五，圖

單　鞭同前六，七，圖

合太極（分一動）

第七十三圖　合太極　(一)

（一）由前式兩手合於胸前，相離與肩寬相等，左足與右足靠攏，兩膝微曲，兩手下按，手心向下，手指向前同時兩腿漸次伸直與原預備式姿勢相同如圖

第八章　第一節　虛實開合論附圖

實非全然站煞，實中有虛，虛非全不着力，虛中有實，後二圖舉一身而言，雖是虛實之大概，究之週身無一寸無虛，又離不得此虛實，總要連絡不斷，以意使氣，以氣運勁，非身子亂挪，手足亂換也

，虛實卽是開合，走架打手，著著留心，愈練愈精，工彌久技彌尙矣，參攷附圖，

第八章　第二節　太極懂勁先後論

夫未懂勁之先，常出頂匾丟抗之病，既懂勁之後，恐出間斷接撞俯仰之病，然未懂勁，故然亦出勁，既懂勁何以出病乎，緣勁似懂未懂之際，正在兩可斷接無準矣，故出病，神明及猶不及，俯仰無着矣，亦出病，若不出斷接俯仰之病，非真懂勁弗能出也，胡爲真懂勁，因視聽無由，未得其確也，知瞻眇顧盼之視，覺起落緩急之聽，知閃還撩之運，轉換進退之動，則爲真懂勁，則爲接及神明，自攸往有由矣，有由者，於懂勁自能屈伸，動靜之妙，有屈伸動靜之妙，開合升降，又有由矣，由屈伸動靜，見入則開，遇出則合，看來則詳，就去則升，夫而後纔爲真接及神明也，神明豈可日後不愼

，行坐臥走，飲食溺溷之功，是所爲及中成大成也哉

第九章 第一節　推手歌

掤擴擠按須認真，上下相隨人難進，任他巨力來打我，牽動四兩撥千斤，引進落空合卽出，粘連黏隨不丟頂，試觀耄耋能禦衆，俱係先天自然能，

又曰彼不動己不動，彼微動己先動，似鬆非鬆，將展未展，勁斷意不斷，

又曰行則動，動則變，變則化，化化無窮，

第九章 第二節　粘黏連隨說

粘者提高拔上之謂也，黏者留戀繾綣之謂也，連者舍己無離之謂也，隨者彼走此應之謂也，要知人之知覺運動，非明粘黏連隨不可，斯粘黏連隨之功夫，亦甚細矣，

第九章 第三節　太極輕重浮沉解

雙重爲病，乖於塡實，與沉不同也，雙重不爲病，自爾騰虛，與重不易也，雙浮爲病，祇如漂渺，與輕不例也，雙輕不爲病，天然輕靈，與浮不等也，半輕半重不爲病，偏輕偏重爲病，半者半有著落也，所以不爲病，偏者無著落也，所以爲病，偏無著落，心失方圓，半有著落，豈出方圓，半浮半沉，爲失於不及也，偏浮偏沉，失於太過也，半重偏重，滯而不正也，半輕偏輕，靈而不圓，半沉偏

沉，虛而不正也，半浮偏浮，茫而不圓，夫雙輕不進於浮，則爲輕靈，雙沉不進於重，則爲離虛，故曰上手輕重，半有著落，則爲平手，除此三者之外皆爲病，蓋內之虛靈不昧，能致於外氣之淸明，流行乎肢體也，若不窮研輕重浮沉之手，徒勞掘井不及泉之嘆耳，然有方圓四正之手，表裏精粗無不到已，太極大成，又何云四隅出方圓矣，所謂方而圓，圓而方，超其象外，得其寰中之上手也，

第十章 第一節　太極四隅解

四正卽四方也，所謂掤擴擠按也，初不知方能使圓，方圓復始之理無已，焉能出隅之手矣，緣人外之肢體，內之神氣弗緝輕靈，方圓四正之功，始出輕重浮沉之病，則有隅矣，譬如半重偏重，滯而不正，自然爲採挒肘靠之隅手，或雙塡實亦出隅手也，病多之手不得已，以隅手扶而歸圓中方正之手，雖然至底者肘靠。亦及此，以補其所以云爾，春後功夫能致上乘者，亦須獲採挒而仍歸大中至正矣，是四隅之所用者，因失體而缺云爾，

『掤擴擠按推手圖說』

掤

甲乙二人面對立。均左足前出約半步。右手伸出手腕互相抵觸。再將左手互扶右肘。甲將右臂向起揚謂之掤。（如物之掤起然也。）如圖

第七十四圖　掤（一）

甲　乙

（擴）

甲將右臂向起掤

乙稱甲之掤時用右手擦住甲之右手左手扶住甲之右肘後方。同時向右後方擴甲之右臂。謂之擴（如物之伸長也）如圖

第七十五圖　擴（二）

甲　乙

（擠）

乙擴甲之右臂時

甲稱乙之擴即將右臂彎曲將左手爲掌抵於右肘之內方。同時用力以肘抵觸乙之胸部。上體隨之前傾謂之擠。如圖

第七十六圖　擠（三）

甲　乙

（按）

甲，用肘抵觸乙之胸部。乙，同時將體稍向後撤。用兩手按住甲之右臂。左手扶於肘上右手扶於腕部。同時向下按住向前弓身推出（謂之按）如圖此推手法互相循還不已週而復始即爲掤擴擠按四方正也

第七十七圖　按（四）

甲　乙

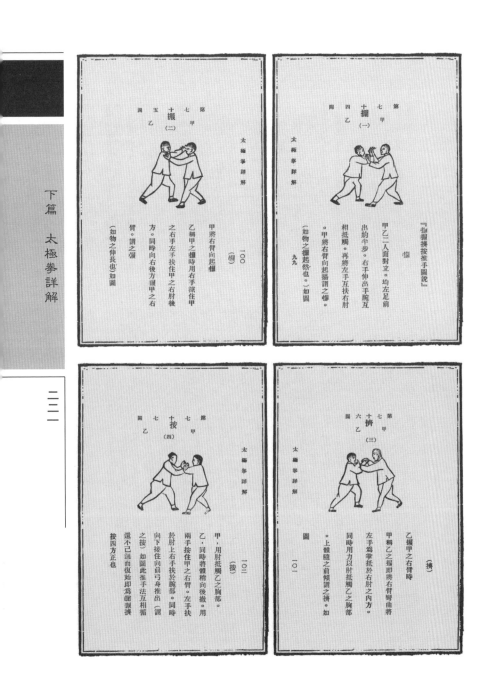

第十章 第二節 頂匾丟抗論

頂者出頭之謂也，匾者不及之謂也丟者離開之謂也，抗者太過之謂也此四字之病要不明粘黏連隨，斷不明知覺運動也，初學推手不可不知也，更不可不去此病，所難者，粘黏連隨而不許頂匾丟抗，是所不易矣，

第十章 第三節 對待無病論

頂匾丟抗，失於對待也，所以為之病者，既失粘黏連隨，何以獲知覺，運動既不知己焉能知人，所謂對待者，不以頂匾丟抗相對於人也，要以粘黏連隨等待於人也，能如是不但無對待之病，知覺運動

自然得矣，可以進於懂勁之功夫耳，

第十章 第四節 觀經悟會法

太極者非純功於易經不能得也，以易經一書，必須朝夕悟在心內，會在心中，超以象外，得其寰中，人所不知而己獨知之妙，若非得師一點心法之傳，如何能致使我手之舞之，樂在其中矣

茲將太極拳學理及功用與練習之身法，業已編成就序，惟太極劍，太極刀，太極槍等項，因時間迫促，惜未能編輯，誠為憾事，俟得相當機會之時，再將劍刀槍之練習方法，全部續出，方為完璧，以享同志，

四隅推手法

此推手法者採挒肘靠四斜方大握之謂也

惟練習時甲乙二人對立，均以右足前出半步，二人左右足尖對准上體微向前傾，二人均以左手伸出兩手腕互相抵觸，再以右手前出各互相扶左肘二人對視其動作互相進退循環不已，以求身體靈活，姿勢開展便利為宜，

（動作）由前搭手甲向右後方（即西北方）退一大步兩手挒住乙之右臂乙乘甲之後退挒臂時急跟進左步用左肩靠甲之胸前，甲乘乙之靠急將左腿向左後方（即東北方）退一大步同時換挒乙之左臂用力向左下方切之，乙跟進左足插入甲之襠內用左肘撞甲之腹部甲乘乙之肘時急將左足提起插入乙之左腿根內側兩手用力按住乙之左肘用

定採勁乙乘甲之採勁急將左足向左後方（即西南）退一大步兩手挒定甲之左臂，甲乘乙後退挒左臂時急跟進右足用左肩靠住乙之胸部乙乘甲之靠急右腿向右後方（卽東南方）退一大步兩手挒住甲之右臂向右下方切之甲乘乙之挒勁急右腿插入乙之襠內用右肘撞乙之腹部乙急將左足提起插入甲右腿根內側同時兩手按住甲之右肘用之採勁此謂之採挒捌靠也欲換式甲乘乙之採勁急用右掌擊乙之左耳乙乘甲之擊打時左足急向左後方退一大步（即西南方）兩手同時挒住甲之左臂甲乘乙後退時跟進左腿插入襠內用左肘撞乙之腹部乙急右足提起插入甲之左腿根內側兩手按定甲之左肘用之採勁甲再向後退時均同以上動作謂之四斜方大攌推手法也其動作腰腿須要用力進退變換須要迅速甲乙動作循還不已週而復始已補四正方之所不及也

採挒肘靠推手法終

天地之高厚。人物之繁雜。有天地。然後有人民。有人民。然後有國家。有國家。然後有庶事。庶事興。而萬民樂業。國因富強。且國家之富強。在乎黎庶之振作。振作主要精神。富強關係職業。若無有精神。則弱矣。人民弱。國何強。欲圖國家富強。須使人民各界加之運動。如此精神有矣。國何不強。且文武分岐久遠。漸漸尤重。文人不識武業。武夫不通文理。文武兩學。似略有畛域之分。今國家振興庶務。百度維新。立學校。造就人才。然各學校加之運動。使文武並進。精神自然加增矣。人有言曰。武學與文學一理。理既同。何重文而輕武。然文人多有謂武術而粗猛。故不接近武學者誤矣。且武術門派。甚多。各有不同。有純主剛者。有主柔者。則太極一門。曰武當派。動作以柔軟爲主。練習時。毫無着力之處。

係順天地自然之理。運用一派純正之氣。勿論男女婦儒。及年近半百之人皆可練習。一無折腰曲腿之苦。二無躍高縱險之勞。且不必短服扼腕。隨便常服均可從事。故成武業中之文雅也。今有彭老先生仁軒研究太極拳功十餘年矣。頗得其中之粵妙。今願將平生所學太極拳功著書傳流於世。一培我國強盛之基。二爲我同胞體育之進步也。余奉命爲跋不敢貢譽請閱者諸君指教是幸。

民國二十二年三月廿八日痴民王國樑謹跋

跋

中國國術，名稱甚夥，可分爲內外兩大宗派，其外家派雖繁兹特從略，不加詳焉，惟就內家派而言，太極經云，動轉須要靈活純用自然之力，懷抱八卦，足踏五行週身屈伸開合皆依陰陽爲基礎靜如山岳，動似江河，依式練習，滔滔不斷，猶如翻江搗海，動作務令沉著，以意爲君，骨肉爲臣，始能謂之懂勁，懂勁之後，而愈練愈精，從心所欲，致於接及神明，返於先天之理，如前代李道子，殷利亨莫谷聲程靈洗許宣平俞蓮舟諸先賢，已練爲上乘，竟得全體大用，其後以武事成名者，頗不乏人，由是觀之，太極係一種延年益壽之術，健全身體之功夫，今值書成，謹書數語敬告有志於斯道之同志深研其功定登壽域無窮耳

古瀛郜壽延彭順義謹跋

《禮・中庸》云：「至誠之道，可以先知。」故君子之待物也以誠。太極拳之臨時動用，亦猶至誠之相待。誠者陽剛，以待陰柔。所謂「以我之靜，待彼之動。用我之誠，敵彼之詐。」詐者陰，誠者陽，兩相循環，乃成虛實生尅之理焉。

有人謂太極拳可稱為「太極神拳」者，余曰：以虛實動靜氣化名之，則無不可。然武術中，早有「神拳」「鬼拳」之名目，如太極拳增加神字，恐不解者誤解，翻有混同之弊耳。不如仍沿太極拳三字名稱為宜。因承友人之囑，勉書數語，質於精深太極拳功者，當有以教我也。

楊曼青書於花南硯北齋

中華民國二十二年四月二十二日

體育一道，東西各邦僉許為強種當務之急。然激烈之運動，弗得其當，或蒙其弊。則擇術不可不慎也。太極為吾華國術之一本，氤氳二氣運周身血脈，具《易經》之玄理，實探奧而蘊奇。其為強種之術，可操左券，其能輔裨軍伍，尤無待言。

彭隊員頗精此道，因使指導全隊日課練習，卓著成績。今冬刊書成帙，將鍥梨問世，丐予為題。予於此道，門外漢也。何能置詞？但善不可隱，率弁數言，用當紹介。宣尼五十學《易》，期以寡過。予於太極強身，希望亦云。

建國念一年仲冬之月

山左李振彪題於北平軍分會尉官差遣隊公廨

自序一

予自幼身體羸弱，疾病纏綿。覓遍補救之法，仍無效果。後於友人談及太極拳，可以卻病延年，於是經郭老先生松亭介紹，得從王老先生茂齋受業。惟王老先生為人，性質樸實，其太極功夫，已至爐火純青登峰造極，凡有志願就學者，不吝珠玉，傾心教而授之。予自習學之後，每日飲食增加，身體益漸強壯。雖終日服務奔馳，亦不覺其勞苦。久而久之，其病若失矣。至今研究太極拳，已經十餘載，本於經驗所得，略為述及。

凡有內部虛弱與虧損者，或患寒腰寒腿者，甚致不能舉動者，若要練習太極拳，皆能恢復健康，則太極之功效，非其他拳術可得同日而語也。然太極經云：以心行意，以意導氣，務令沉著，氣沉丹田，內固精神，外示安逸。動轉須用自然之力，養成浩然之氣。氣流行於筋脈，血流行於膜胳，週而復始，終身用之，有不能盡者矣。吾人每日練習，非但卻病強身，可以延年益壽，即可進於上乘。

予自入尉官隊時，課餘之暇，依然勤習不墜。前奉本隊長官之命，將太極拳列入日課，著廣義擔任指導隊員。練習方法，緣各隊員年齡既有差別，體質強弱自異。如此情形，教導之方法，宜應分別實施，庶可收效果，於將來習將匝月，進步尚速。幸承諸同人贊許，復奉令將太極拳綱要，編輯成書，以資佐證。凡我國人如有志願練習者，則可按圖索驥，勿以淺鮮視之，一是強國強種之門徑也。謹就管見所及，書於簡端，是以為序。

河北仁軒彭廣義謹序

中華民國二十二年　月　日

序二

中國武術，遵古師法相承，各尚宗派。其最著者，厥為兩大宗派：(1)少林派，傳自後魏達摩祖師，其法以易筋真理充實於內，壯其基礎，五拳運用之法，鍛鍊筋骨，其深造之旨，在化剛為柔；(2)為武當派，傳自宋代張三豐祖師，其法以循環無端，立太極，渾圓之體，合陰陽相生之理，應太極變化之用，專主斂神入骨，其深造在以柔克剛。

其兩派立法雖各有不同，然而異曲同工，抉其奧旨，皆為入道之初階。若僅以武術目之，則誠淺鮮矣。

惟少林戒約極嚴，真傳難得。今世以少林自命者，不過技擊末藝，於易經真理茫無領會，現行易筋二十四勢，亦非達摩留傳真本，故論者目為外家。若武當派太極一門，謹守師法，本十三勢遞相傳授，約而不雜，純任自然，教者學者，均能以斂神懂勁，沾黏連隨為依歸，驗功力之深淺，至今真傳未失，論者目為內家，不亦宜乎？

愚自束髮受書，即愛慕武術。既長從軍，奔走四方，獲與武術家相交結，得聆各家拳術之高論，獨武當派太極一門，惜未窺及門墻，是以為憾。愚素患膝痛，今春入隊時，適遇舊同人彭君仁軒，乘課餘之暇，研究太極拳術，陶冶精神，久而久之，膝痛若失，更服太極拳之妙，不僅強真卻病已也。

仁軒以愚研習若有會心，又述各家宗派，遂舉太極拳遞傳諸先哲之淵源，就其所知者以告之，曰：太極拳始於張三豐，遞傳至山左王宗岳，宗岳傳蔣發、陳長興，長興傳廣平楊福魁，福魁字祿躔，祿躔先生傳其長子錡、次子玨（字班侯）、三子鑒（字鏡湖），班侯傳萬春與凌山吳全佑（字保亭）。保亭先生為人和靄，生平不輕與人較技，即較技亦必讓人三著，蓋其天性使然也。

得其傳者僅王有林（字茂齋）、郭芬（字松亭）與吳愛紳（字鑒泉）諸先生，且王茂齋先生造藝精純，更能博通內外諸家，傳於彭君廣義（字仁軒），仁軒執弟子禮甚恭，治斯道已垂十餘載，今已升堂入室，茲為擔任太極拳教授，編纂《太極拳解釋》。書成之日，囑愚為敘。不採剪陋，爰筆略述少林武當兩派之宗法，及太極相承之梗概，以就正於諸同志云爾，是以為序。

中州悟虔張思愼謹序

中華民國二十二年　月　日

序三

竊以年來懶惰性成，素患胃病，食不甘味，寢不安席，一舉一動，面紅氣喘，不勝其勞，方知身體衰弱已極，恒惴惴焉。今歲端陽節後，彭君等練習太極拳功，辱蒙不棄，竟得濫竽其間，承彭君朝夕指示，不憚其煩。

雨素質魯鈍，所領會者什一耳。迄今五月餘，按式練習，無時或間，惟覺食增其量，寢安其席，宿疾全癒，心神暢快，豈非太極拳之功耶？茲承彭君囑令續貂，謹書所感，是以為序。

浙江會稽澤宇陳　雨謹序

中華民國二十二年　月　日

太極拳詳解 目錄

第一章

第一節 列傳

三豐先生，姓張，名通，字君實。先世為江西龍虎山人，故嘗自稱為天師後裔。祖父裕賢公，學精星數。南宋末，知天下王氣將從北起，遂攜本支眷屬，徙居遼陽懿州。有子名居仁，字子安，號白山，即先生父也。壯負奇器，元宋收召人才，分三科取士，子安赴試策論科入選。然性素恬淡，無仕宦情，終其身於林下。定宗丁未夏，先生母林太夫人，夢元鶴自海天飛來，而誕先生，時四月初九日子時也。

峰神奇異，龜形鶴骨，大耳圓睛。五歲目染異疾，積久漸昏，其時有張雲庵者，方異人也，住持碧落宮，自號白雲禪老。見先生奇之，曰：「此子仙風道骨，自非凡器，但目遭魔障，須拜貧道為子，了脫塵翳，慧珠再朗送還。」太夫人許之，遂投雲庵為徒，靜居半載，而目漸明，教習道經過目便曉，有兼讀儒、釋兩家之書，隨手披閱，會通其大意即止。忽忽七載，太夫人念之，雲庵亦不留，遂拜辭歸家，專究儒業。

中統元年舉茂才異等；二年，稱文學才識，列名上聞，以備擢用，然非先生素志也，因顯揚之故，欲效毛盧江捧檄之意耳。至元，甲子秋，遊燕京時，方定鼎於燕，詔令舊列文學才識者，待用，棲遲燕市。聞望日隆，始與平章政事廉公希憲識。公異其才，奏補中山博陵令，遂之官。政暇訪葛洪山，相傳為稚川修煉處。因念一官蕭散，頗同鈎漏，予豈不能似稚川？越明年，而丁艱矣，又數月而報憂矣。先生遂絕仕進意，奉諱歸遼陽，終日哀毀，覓山之高潔者，營厝甫畢，制居數載，日誦洞經。

倏有丘道人者，叩門相訪，劇談玄理，滿座風清，灑然有方外之想。道人既去，束裝出遊，田產悉付族人，囑代掃墓，挈二行童相隨。北燕趙，東齊魯，南韓魏，往來名山古剎，吟咏閑觀，且行且住。如是者幾三十年，均無所遇，乃西之秦隴，挹太華之氣，紬太白之奇，走褒斜，度陳倉，見寶雞山澤幽邃而清，乃就居焉。中有三尖，山峰挺秀，蒼潤可喜，因自號為三豐居士。

延佑元年，年六十七，始入終南，得遇火龍真人，傳以大道。更名玄素，號玄玄子，別號昆陽。山居四載，功效寂然。聞近斯道者，必須法財兩用，平遊訪兼頗好善，囊篋殆空，不覺淚下，火龍怪之，進告以故，乃傳丹砂點化之訣，命出山修煉。立辭恩師，和光混俗者，數年。泰定甲子春，南至武當，調神九載，而道拳始成。於是湘雲巴雨之間，隱顯遨遊，又十餘年，乃於至正初，由楚還遼陽省墓，訖復之燕市，故交死亡已盡矣。遂之西山，遇前丘道人，談心話道，促膝參同，方知為長春先生符陽子也。

第二節　太極拳祖師張三豐以武事得道論

蓋未有天地先有理，理為氣之陰陽主宰，主宰理以有天地，道在其中。陰陽氣道之流行，則為對待。對待者陰陽也，類也。一陰一陽之為道。道無名，天地始，道有名，萬物母。未有天地之前，無極也，無名也；既有天地之後，有極也，有名也。

然前天地者曰理，後天地者曰母，是乃理化先天陰陽氣數，母生後天胎卵濕化，位天地育萬物，道中和然也。故乾坤為大父母，先天也；爹娘為小父母，後天也。得陰陽先後天之氣以降生身，則為人之初也。

夫人身之來者，得大父母之命性賦理，得小父母之精血形骸，合先後天之命，我得而成人也。以配天地為三才，安可失性之本哉？然能率性，則本不失，既不失本來面目，又安可失身體之去處哉？

夫欲尋去處，先知來處，來有門，去有路，良有以也。然有何以之固有之知能，無論智愚賢否，固知能皆可以進道。既知能修道，可知來處之源，必能知去處之委，來源知委，既能知，必明身不修。故曰：自天子至於庶人，一是皆以修身為本。

夫修身以何？以之良能，視能聽曰聰明，手舞足踏，乃武乃文，致知格物意誠。心為一身之主，正意誠心。以足踏五行，手舞八卦，手足為之象，用之殊途良能還原，目視三合，耳聽六道。耳目亦四形體之一，表裏之歸，本耳目手足，分而為二，皆為兩儀，合之為一，共為太極。此為外斂入之於內，亦自內發出交於外，能如是，表裏精粗無不到，豁然貫通，希賢希聖之功，自臻於曰睿曰知，乃聖乃神。所謂盡性立命，窮神述化，在茲矣。然天道、人道，一誠而已矣。

第二章

第一節　太極拳之傳流

張三豐名通，字君實，遼東懿州人。宋徽宗時，值金人入寇，彼以一人殺金兵五百餘，山陝人民慕其勇，從學者數百人，因傳其技於陝西。元世祖時，有西安人王宗岳者，得其真傳，名聞海內，溫州陳同曾多從之學，由是自山陝而流傳於浙東。

又百餘年，有海鹽張松溪者，最為著名（見《寧波府誌》）。後傳其技於寧波葉繼美，字近泉。近泉傳王征南，字來咸，清順治中人。征南為人勇而有義，在明季可稱獨步，黃宗羲最重征南（見《遊俠佚聞錄》）。征南死時，曾為作墓誌銘。征南之後，又將百年，始有甘鳳池，此皆為南派人士。

其北派所傳者，由王宗岳傳河南蔣發，蔣發傳河南懷慶府陳家溝陳長興，其人立身常中正不倚，人因稱之為「牌位先生」。先生有子二人，長曰耿信，次曰紀信。時有楊祿躔先生，名福魁者，直隸廣平府永年縣人，聞其名，因與同里李伯魁共往師焉。同學者除二人外皆陳姓，頗異視之，二人互相結納，盡心研究，常徹夜不眠。陳先生見楊之勤學，遂盡傳其秘。

楊歸傳其術遍鄉里，俗稱為軟拳，因其能避制強硬之力也。嗣楊遊京師，客諸府邸，清親貴王公貝勒，多從受業焉。旋為旗營武術教師，有子三人，長名錡早亡；次名鈺，字班侯；三名鑒，字健侯，亦曰鏡湖，皆獲盛名。當祿躔先生充旗營教師時，得其傳者三人，萬春、凌山、全佑（字保亭）是也，一勁剛，一善發人，一善柔化，或謂三人各得先生之一體，有筋、骨、皮之分。旋從先生命，均拜班侯之門，稱弟子云。

至保亭先生為人和靄，生平不輕與人較技，即較技亦必讓人三著，蓋其天性使然也。得其傳者，僅王有林字茂齋、郭芬字松亭、吳愛紳字鑒泉。王茂齋先生性質樸實，造藝精純，更能博通內外諸家。其太極功夫，已至爐火純清，登峰造極。凡有就學之者，並不吝珠玉，傾心教而授之。得其傳者，有彭廣義（字仁軒）等，約數百餘人，均受業焉。

第二節　太極拳論

太極者，由無極而生陰陽之母也。動之則分，靜之則合，無過不及，隨曲就伸。人剛我柔謂之走，我順人背謂之黏。動急則急應，動緩則緩隨。雖變化萬端，而理為之一貫。由著熟而漸悟懂勁，由懂勁而階及神明，然非用功之久，不能豁然貫通焉。

須領頂勁，氣沉丹田，不偏不倚，忽隱忽現。左動則左虛，右重則右杳。

仰之則彌高，俯之則彌深，進之則愈長，退之則愈促。一羽不能加，蠅蟲不能落。人不知我，我獨知人。英雄所向無敵，蓋皆由此而及也。

斯技旁門甚多，雖勢有區別，概不外乎壯欺弱，慢讓快耳。有力打無力，手慢讓手快，是皆先天自然之能，非關學力而有所為也。察四兩撥千斤之句，顯非力勝。觀耄耋能禦眾之形，快何能為？

立如平準，活似車輪，偏沉則隨，雙重則滯。每見數年純功不能運化者，率皆自為人制，雙重之病未悟耳。欲避此病，須知陰陽。黏即是走，走即是黏，陰不離陽，陽不離陰，陰陽相濟，方為懂勁。懂勁之後，愈練愈精，默識揣摩，漸至從心所欲。本為捨己從人，多誤捨近求遠。所謂謬之毫厘，差之千里，不可不詳辨焉。是以為論。

第三章

第一節　太極拳釋名

太極拳，一名長拳，又名十三式。長拳者，如長江大海，滔滔不絕也。十三式者，掤捋擠按採挒肘靠進退顧盼定也。掤捋（攌）擠按，即坎離震兌四正方也；採挒肘靠，即乾坤艮巽四斜角也。此八卦也。進步、退步、左顧、右盼、中定，即金、木、水、火、土也，此五行也。合而言之曰十三式。是拳技也，一著一勢，均不外乎陰陽，故名之曰太極拳。

第二節　太極圈歌

退圈容易進圈難，不離腰頂後與前。
所難中土不離位，退易進難仔細研。
此為勁功非站定，倚身進退並比肩。
能如水磨催急緩，雲龍風虎象周旋。
要用天盤從此覓，久而久之出自然。

第四章

第一節　八門五步法

掤（南）捋（西）擠（東）按（北）採（西北）挒（東南）肘（東北）靠（西南）方位，坎、離、震、兌、乾、坤、艮、巽八門也，參照下列附圖。

方位八門，乃陰陽顛倒之理，週而復始，隨其所行也。總之四正隅，不可不知矣。夫掤捋擠按，是四正之手；採挒肘靠，是四隅之手。合隅正之手，得門位之卦。

以身分步五行，意在支撐八面。五行者，進步（火）退步（水）左顧（木）右盼（金）中定（土也）。夫進退為水火之步，顧盼為金木之步，以中土為樞極之軸，懷八卦腳踸五行，手步八門，其數十三，出於自然十三勢也，名之曰八門五步。

第五章

第一節　十三式總論

一舉動身周俱要輕靈，尤須貫串。氣宜鼓盪，神宜內斂。無使有缺陷處，無使有高低（凸凹）處，無使有斷續處。其根在腳，發於腿，主宰於腰，行於手指。由腳而腿而腰，總須完整一氣，向前退後，乃得機得勢。有不得機不得勢處，身便散亂，其病必於腰腿求之。

上下前後左右皆然，凡此皆是意，不在外。有上即有下，有左即有右，有前即有後。如意要向上，即寓下意，若將物掀起而加以挫之之意，斯其根自斷，乃壞之速而無疑。

虛實宜分清楚，一處自有一處虛實，處處總有一虛實。周身節節貫串，勿令絲毫間斷耳。

第二節　十三式行功心解

以心行氣，務令沉著，乃能收斂入骨。以氣運身，務令順遂，乃能便利從心。精神能提得起，則無遲重之虞，所謂頂頭懸也。意氣須換得靈通，乃有圓活之趣，所有變轉虛實也。

發勁沉著，鬆靜專注一方。立身須中正安舒，支撐八面；行氣如九曲珠，無微不利；運勁如煉剛（鋼），何堅不摧？形如搏兔之鵠，神如捕鼠之貓。靜如山岳，動似江河。蓄勁如開弓，發勁如放箭。曲中求直，蓄而後發。力由脊發，步隨身換。收即是放，斷而復連。往復須有折疊，進退須有轉換。極柔軟然後極堅剛，能呼吸然後能靈活。氣以直養而無害，勁以曲蓄而有餘。心為令，氣為旗，腰為纛。先求開展，後求緊湊，乃可臻於縝密矣。

又曰：先在心，後在身，腹鬆氣斂入骨，神舒體靜。一動無有不動，一靜無有不靜。牽動往來，氣貼背，斂入脊骨，內固精神，外示安逸。邁步如貓行，運動如抽絲。全身意在精神不在氣，在氣則滯。有氣者無力，無氣者純剛。氣如車輪，腰如車軸。

第三節　十三式行功歌

十三總勢莫輕視，命意源頭在腰際。
變轉虛實須留意，氣遍身軀不稍痴。
靜中觸動動猶靜，因敵變化是神奇。
勢勢存心揆用意，得來不覺費功夫。

刻刻留意在腰間，腹內鬆靜氣騰然。
尾閭中正神貫頂，滿身輕利頂頭懸。
仔細留心向推求，屈伸開合聽自由。
入門引路須口授，功用無息法自休。
若言體意何為準，意氣君來骨肉臣。
詳推用意終何在，益壽延年不老春。
歌兮歌兮百四十，字字真切義無疑。
若不向此推求去，枉費功夫遺嘆惜。

第六章

第一節　用功有四忌

此功夫近於道學，崇尚信，重道德，不能有酒色財氣，謂之四戒也。忌飲過量之酒，忌當色者（夫婦之道又將有別），忌取不義之財，忌動不合中之氣（一飲一啄在內）。

第二節　用功三小忌

凡食多、飲多、睡多之時，忌用功夫。雖於身體無害而以無益也。

食多時，飲多時，睡多時（恐其有害於中氣也）。

第三節　用功五誌

博學（是要多用功夫），

審問（不是口問是聽勁），

慎思（聽而後留心想念），

明辨（生生不已），

篤行（如天行健）。

第七章

第一節　太極拳各勢名稱目次

(1)預備式　(2)攬雀尾　(3)單鞭
(4)提手上式　(5)白鶴晾翅　(6)左摟膝拗步
(7)琵琶式　(8)左摟膝拗步　(9)右摟膝拗步
(10)左摟膝拗步　(11)右摟膝拗步　(12)左摟膝拗步
(13)手揮琵琶式　(14)上步搬攔捶　(15)如封似閉
(16)十字手　(17)摟膝拗步　(18)抱虎歸山

⒆攬雀尾
⒇斜單鞭
(21)肘底看捶
(22)左倒攆猴
(23)右倒攆猴
(24)左倒攆猴
(25)右倒攆猴
(26)左倒攆猴
(27)斜飛式
(28)提手上式
(29)白鶴晾翅
(30)摟膝拗步
(31)海底針
(32)扇通臂
(33)撇身捶
(34)卸步搬攔捶
(35)上步攬雀尾
(36)單鞭
(37)左雲手
(38)右雲手
(39)左雲手
(40)右雲手
(41)左雲手
(42)左高探馬
(43)右分腳
(44)右高探馬
(45)左分腳
(46)轉身蹬腳
(47)左摟膝拗步
(48)右摟膝拗步
(49)進步栽捶
(50)反身撇身捶
(51)左高探馬
(52)右分腳
(53)右打虎式
(54)左打虎式
(55)披身踢腳（又名二起腳）
(56)雙風貫耳
(57)左右蹬腳

(58)右摟膝拗步
(59)左摟膝拗步
(60)手揮琵琶式
(61)上步搬攔捶
(62)如封似閉
(63)十字手
(64)摟膝拗步
(65)抱虎歸山
(66)攬雀尾
(67)斜單鞭
(68)看式
(69)右野馬分鬃
(70)左野馬分鬃
(71)右野馬分鬃
(72)左野馬分鬃
(73)右野馬分鬃
(74)看式
(75)右野馬分鬃
(76)上步左玉女穿梭
(77)轉身右玉女穿梭
(78)看式
(79)右野馬分鬃
(80)上步左玉女穿梭
(81)轉身右玉女穿梭
(82)上步按手
(83)上步攬雀尾
(84)單鞭
(85)左雲手
(86)右雲手
(87)左雲手
(88)右雲手
(89)左雲手
(90)單鞭
(91)下式
(92)右金雞獨立
(93)左金雞獨立
(94)左倒攆猴
(95)右倒攆猴
(96)左倒攆猴

(97) 右倒攆猴
(98) 左倒攆猴
(99) 斜飛式
(100) 提手上式
(101) 白鶴晾翅
(102) 左摟膝拗步
(103) 海底針
(104) 扇通臂
(105) 撇身捶
(106) 上步搬攔捶
(107) 上步攬雀尾
(108) 單鞭
(109) 左雲手
(110) 右雲手
(111) 左雲手
(112) 右雲手
(113) 左雲手
(114) 單鞭
(115) 左高探馬
(116) 撲面掌
(117) 轉身十字擺蓮
(118) 右摟膝拗步
(119) 上步摟膝指襠捶
(120) 上步攬雀尾
(121) 單鞭
(122) 下式
(123) 上步騎鯨
(124) 退步跨虎
(125) 轉身撲面掌
(126) 轉身雙擺蓮
(127) 右彎弓射虎
(128) 左彎弓射虎
(129) 上步攬雀尾
(130) 單鞭
(131) 上步錯捶
(132) 攬雀尾
(133) 單鞭
(134) 合太極（收式）

第二節 太極拳各勢圖解

預備式（分一動）

（一）身體直立，兩手下垂，腕與胯齊，掌心下按，手指向前，兩目向前平視，兩足距離與肩寬相等，如圖。（此勢以體靜神舒，氣沉丹田，精神貫於頭頂，全身需要靈活無絲毫著力之處，任其自然）

第一圖　預備式

攬雀尾（分四動）

（一）由前式左足前出半步，左膝在前為弓，右腿在後蹬直。同時，左臂上提彎於胸前，手心向內；右手手心按於左手脈門之上，手心向外。

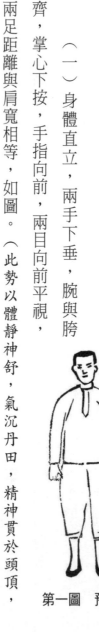

（二）身體向右轉（足尖與身體同一方向），右膝前曲，左腿伸直。右臂前伸，手心向上；左手手心向下，手指按右脈門。

（三）兩手翻轉，右手手心向下，左手心向上，手指不離右手脈門，左腿後坐，兩臂向懷內合攬。

第二圖　攬雀尾(一)

第三圖　攬雀尾(二)

第四圖　攬雀尾(三)

（四）兩手翻轉，右手手心向上，左手手心向下，手指不離脈門，右手向左前方伸直，右腿隨之前曲，右手向右向後平繞一環形至頭部右側方，右手與肘宜垂直，左手手指仍按於右手脈門。如圖一、二、三、四。（此勢運動身體腹腰肩背各部，手尖路線須成一環形，腰脊隨之動作，方能靈活）

單鞭式（分二動）

（一）由前式右手作成勾形。同時右腳以足跟為軸向左旋轉約十九度，左手手指仍在右手脈門處。

第五圖　攬雀尾(四)

第六圖　單鞭(一)

（二）左臂肘以上略成水平，肘以下略成垂直，手背向外，兩目注視手心，由右手脈門處向左橫移至頭部左前方，手心翻轉向外。於左手橫移時，左腳向左後方移動約半足，成騎馬式。兩手離開約一百五十度。如圖一、二。（此勢運動腰腿及兩臂，務須靈活自然）

提手上式（分二動）

（一）由前式右足前上半步。右臂彎於胸前，手心向內，左手手指按於右手脈門。

（二）左足向右足靠攏。左手背向上，

第七圖　單鞭(二)

第八圖　提手上式(一)

橫於胸前手；右手上提至頭之前上方，手心翻轉向上；左手下按至小腹處。如圖。（此勢兩眼須注視手之動作，並須提頂勁，使腰腿隨之伸縮為宜）

白鶴晾翅（分二動）

（一）由前式，左手由身體左側向上走一環形至頭頂上方伸直，腰部隨左手之動作向左彎轉，右臂伸直，兩手向外。

（二）兩手心轉向內方，兩臂肘以下垂直，停於胸前。同時，兩腿併攏向下蹲。如圖一、二。（此勢兩臂與兩腿協同動作為要，兩眼注視兩手）

第九圖
提手上式(二)

第十圖
白鶴晾翅(一)

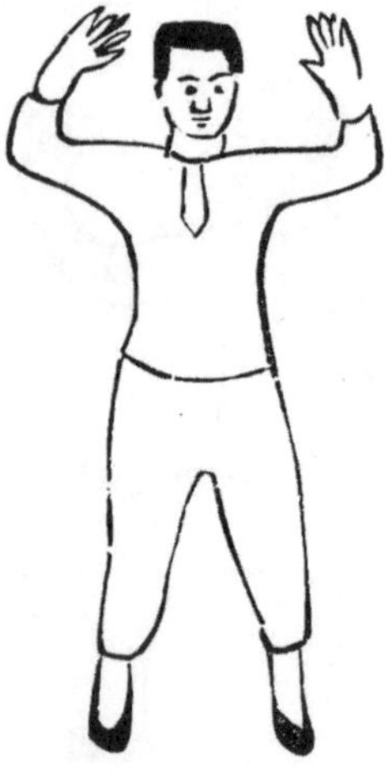

第十一圖
白鶴晾翅(二)

左摟膝拗步（分二動）

（一）由前式身體向下蹲身再向左轉，左足前出一步，左腿在前為弓，右腿在後蹬直。

同時，左手由下向左摟左膝，停於左胯旁；同時，右手手心向內，手指向前，由耳之上方向前伸掌，俟臂微直，則手指向上，手心向外。如圖。（此勢練腰腿臂各部，務須一致動作）

琵琶式（分一動）

（一）由前式身體後坐，體之重力移

第十二圖
左摟膝拗步(一)

第十三圖
左摟膝拗步(二)

於右腿，左腿蹬直，足尖翹起。左臂由下向上提，肘以下垂直，於胸前，手指向上，拇指對準鼻尖，手心向右；右手收回，手心向左，在左肘下方，拇指與左肘接觸。如圖。

（此勢運動時體臂腿務須一致）

左摟膝拗步（分一動）

（一）由前式左足踏地，左膝在前為弓，曲右腿在後蹬直。

左手手心向下摟左膝，置於左胯旁；同時，右手手指向前，手心向內，自右耳上方向前伸出，俟臂微直，則手指向上，手心向外。如圖。

第十四圖　琵琶式（一）

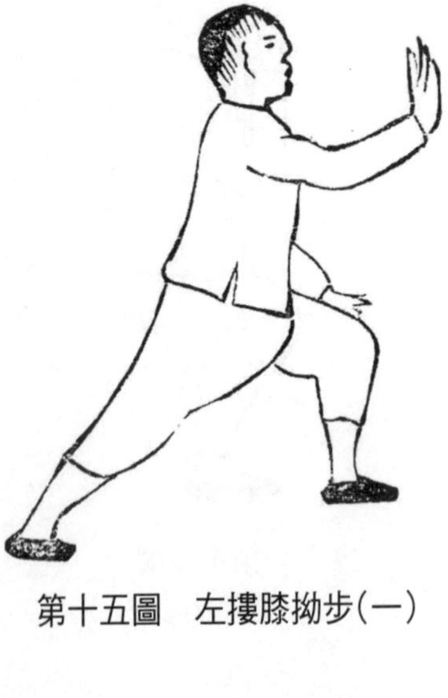

第十五圖　左摟膝拗步（一）

右摟膝拗步（分一動）

（一）由前式右足前踏一步，右膝在前為弓，左腿在後蹬直。右手手心向下摟右膝置於右胯；同時，左手手指向前，手心向內，自左耳上方向前伸出，俟臂微直則手指向上，手心向外。

左摟膝拗步與前式同十三圖
右摟膝拗步與前式同十五圖
左摟膝拗步與前式同十三圖

手揮琵琶式（分一動）

兩手手心參差相對，兩手掌之外側向左

第十七圖　手揮琵琶式(一)

第十六圖　右摟膝拗步(一)

下方擴一小環形。右足向前與左足靠攏。如圖。（此勢兩手運動時腰部須隨之用力）

進步搬攔捶（分二動）

（一）由前式兩手手心斜對，兩掌外側向左下方，兩手由右向左擴一大環形。同時，左足前出一步，左腿在前為弓，體之重力在左腿上。

兩手收回停於胸前，左手為掌，手指向上，手心向右；右手為拳，拳眼向上輕貼於左手手心。在兩手收回時，上體後坐，體之重力移於右腿上，左足足尖翹起。

（二）右拳向前打出，拳眼向上，同時

第十八圖　進步搬攔捶(一)

第十九圖　進步搬攔捶(二)

左足著地在前為弓右腿在後伸直，如圖一、二，（此勢運動腰脊腿臂各部，腰脊用力不可將上體向前探出）

如封似閉（分一動）

（一）由前式，左手手心向外，手指向上，腕部在左臂腋下，手指稍向上翹，手背貼於右臂之外側，沿右臂向前推動；同時，右臂向後撤。上體後坐，體之重力移於右腿上，左足尖翹起。兩手同時收回，手心相對，約距十五生的，兩手手指約向前上方，兩手向前推出，手心向外，手指向上。同時，左足踏地在前為弓，右腿在後伸直。如圖。（此勢運動腰腿脊臂各部，動作務須靈活，兩手收回時與體之後坐須一致，兩手推出與左膝前曲更須一致）

第二十圖　如封似閉（一）

十字手（分二動）

（一）由前式，兩臂伸直。兩足跟作軸向右旋轉約九十度，身體向下蹲，兩膝向前彎曲。兩臂由下向左右伸作弧形漸漸伸直，兩掌向前。

（二）靠左足，兩手漸次向上翻轉，在頭頂上交叉作斜十字形，左手手心向外，右手手心向內。如圖一、二。（此勢練習時應連續以下各部，不可稍有停滯）

左斜摟膝拗步（分一動）

（一）由前式，右手不動，左手向下摟

第二十一圖　十字手式(一)

第二十二圖　十字手式(二)

左膝。左足向左前方踏出一步，左膝在前為弓。同時，右手手心向內，手指向前，自右耳上方向前伸出，俟臂微直則手指向上，手心向外。

抱虎歸山（分一動）

（一）由前式，提起右足，以左足跟為軸向右後旋轉約一百八十度。轉時右手向下摟右膝。右足著地，在前為弓。同時，左手手心向內，手指向前，自左耳上方向前伸出，俟臂微直則手指向上，手心向外。如圖。（此勢宜腰身腿臂連成一氣）

攬雀尾同前式之二、三、四、五圖。

第二十四圖　抱虎歸山（一）

第二十三圖　左摟膝拗步（一）

斜單鞭與單鞭式六、七圖同。

肘底看捶（分一動）

（一）右足向左前方上一步，身體隨之向左旋轉約九十度。同時，兩手由右向左走一環形，至左脅下為拳，拳眼向上，左拳在上，右拳在下。左足收回，足尖著地作丁字形。同時，左拳豎起與左肩同高，左臂肘以下垂直；同時，右拳移於左肘下，兩眼向前平視。如圖。（此勢腰腿臂連合動作，勿須用力，切要靈活）

第二十五圖　肘底看捶(一)

左倒攆猴（分一動）

（一）由前式，提左足向後退半步伸直，右腿在前為弓。同時，左手順左耳旁向前伸平，手指上翹，手心向外。如圖。（此勢兩腿宜微曲手須與眼齊）

第二十六圖　左倒攆猴(一)

第二十七圖　右倒攆猴(一)

右倒攆猴（分一動）

（一）由前式，左足不動，身體向後坐，重力移於左足，右足向後退一步伸直，左腿在前為弓。同時，右手順右耳旁向前伸平，手指上翹，手心向外。

左倒攆猴同前式十三圖。

右倒攆猴同前式十五圖。

左倒攆猴同前式十三圖。

斜飛式（分一動）

（一）由前式，左足前踏一步。同時，左手移於胸前，手心向上；同時，右手向左走一環形於左手上，手心向下；左手向左前上方伸直，同時右手向右後下方伸直，置於右胯旁。左腿在前為弓，右腿在後蹬直，兩眼注視左手。如圖。（此勢須靈活，臂手腿一致動作為要）

提手上式同前八、九圖。

白鶴晾翅同前十、十一圖。

左轉身摟膝拗步同前十五圖。

第二十八圖　斜飛式（一）

海底針（分一動）

（一）由前式，左足收回在右足左側，足尖著地。同時，右手撤回，手指向下，手心向左；左手扶於右手脈門處，右臂向下伸直。兩膝前曲，身體向下蹲。如圖。（此勢活動腰臂腿）

扇通臂（分一動）

（一）由前式，右臂上提至頭部前上方，肘以下成水平，手心向上；左手即沿右臂向左平伸，手心向左，手指向上。同時，以右足跟為軸身體向右轉九十度，左足向左

第二十九圖　海底針（一）

第三十圖　扇通臂（一）

橫踏一步，身體下蹲，成騎馬式。如圖。（此勢練腿及肩背力）

右轉撇身捶（分一動）

（一）由前式，右手向右下方落變拳，手背向下，左手附於右脈門處。同時，提起右足，以左足跟為軸身體向右轉九十度，右足即向右前方踏出一步。同時，右拳由左向上再向右前方畫一弧形，手臂向下向右後方打。如圖。（此勢於轉身時，臂腿動作以腰脊為樞紐，庶能靈活）

卸步搬攔捶（分二動）

（一）由前式，兩手變掌，手心斜對，

第三十一圖　右轉撇身捶(一)

第三十二圖　卸步搬攔捶(一)

兩手合掌向左下方，由右向左擄一大環形。同時，右足向後撤一步，上體向後坐，左足尖翹起。兩手擄至胸前，左手手指向上；手心向右，右手為拳，拳眼向上，輕貼於左手心。

（二）向前弓身打出右拳，左腿在前為弓，右腿在後蹬直。如圖。（此勢臂腿之動作須一致）

第三十三圖　卸步搬攔捶（二）

上步攬雀尾（分四動）

（一）由前式，右足前踏一步，右腿在前為弓，左腿在後蹬直。右手變掌，手心向下，左手附於右脈門，均同前二、三、四、五圖。

單鞭同前六、七圖。

左雲手（分一動）

（一）由前式，上體隨右臂向右斜伸，右膝曲，左腿橫蹬直。左手下落至左膝，再向右上方走一環形，右手落下，左手手心向內，與眼同高。兩眼注視手心，由面前向左橫移至頭之左側。臂伸直，手心翻轉向外，上體隨左手之動作重力移於左腿上，左膝曲。同時，右手向左上方走一環形。如圖。（此勢運動腰脊腿臂，靈活一致為要）

第三十四圖　左雲手(一)

右雲手（分一動）

（一）由前式，左手落下，右手手心向內，由面前向右橫移至頭之右側，臂伸直，手心翻轉向外。同時，左手向右上方走一環形。右足於右手橫移時，向左移動，與左足併攏。如圖。

左雲手（分一動）同前三十四圖

（一）右手落下，左手手心向內，由面前向左橫移至頭之左側，臂伸直，手心翻轉向外；同時，右手向左上方走一環形。左足於左手橫移時，向左橫踏一步，左膝前曲，身體重力移於左腿上。

第三十五圖　右雲手(一)

右雲手同前三十五圖。

左雲手同前三十四圖。

單鞭同前六、七圖。

左高探馬（分一動）

（一）由前式，身體向左旋轉約九十度，左足收回於右足左側，足尖著

地。同時，左手落下於左脅處，手心向上，手指向前；右手在左手上，手心向前方，手指向左。如圖。（此勢手腳之動作務須一致）

右分腳（分一動）

（一）由前式，左足向左前方踏出一步，左腿前弓，右腿在後蹬直。兩手就前式之姿勢向右擄一環形至胸前，兩手心向下，兩手手指相對微接，兩手同時向上抬至頭之前上方，分向左右劈成水平，上體半面向右。同時，右足向右前斜方踢起。如圖。（此勢劈手時與踢腳須一致，左腿並宜稍曲）

第三十六圖　左高探馬(一)

第三十七圖　右分腳(一)

右高探馬（分一動）

（一）由前式，右足向右前方落出一步，足尖著地。

同時，右手落至右脅處，手心向上，手指向前；左手在右手之上，手心向前下方，手指向右。如圖。

左分腳（分一動）

（一）由前式，右足全部著地，右腿前弓，左腿在後蹬直。兩手就前式之姿勢向左擄一環形，至胸前，兩手心向下，兩手指相對微接，兩手同時向上抬至頭之前上方，分

第三十八圖　右高探馬(一)

第三十九圖　左分腳(一)

向左右劈成水平，上體半面向右。同時，左足向左前方踢起。如圖。

轉身蹬腳（分一動）

（一）由前式，以右足跟為軸身體向左後方旋轉九十度，左足落至右足左側，足尖著地。

兩手收回於胸前，兩手向下，兩手指相對微接，兩手分向左右劈成水平。同時，左足向左踢起。如圖。（此勢轉身時須直立，不可前俯後仰）

左摟膝拗步同前十三圖。

右摟膝拗步同前十五圖。

第四十圖　轉身蹬腳（一）

進步栽捶（分一動）

（一）由前式，左足前進半步，右手提至右耳邊為拳，右足移於左足右後方約距二十生的，兩膝前曲，身體下蹲。同時，右拳向下捶打，左手附於右脈門，兩目注視右拳。如圖。（此勢宜用腰脊力，頭部兩眼視於足尖之垂直線）

翻身撇身捶（分一動）

（一）由前式，拳及右腿同時提起，以左足跟為軸向右後旋轉一百八十度，右足向右前方踏出一步。右拳手背向下為拳，

第四十二圖　翻身撇身捶(一)

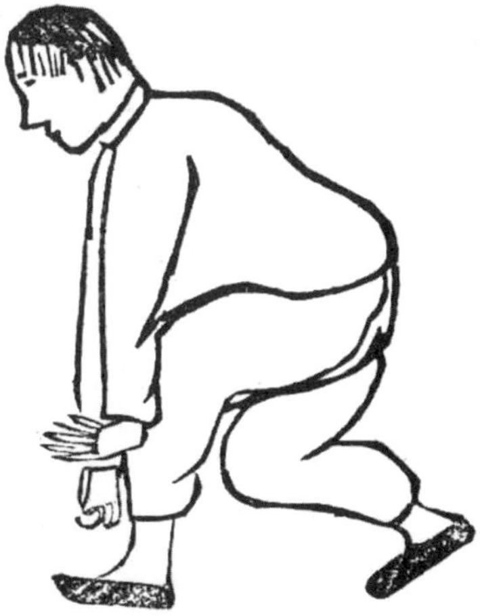

第四十一圖　進步栽捶(一)

與右足同一方向向下打，左手附於右脈門，兩眼注視右拳。如圖。（此勢臂腿須一致，轉身時身體不可後仰）

左高探馬同前三十六圖。

右分腳同前三十七圖。

右打虎式（分一動）

（一）由前式，右足向右後方撤一大步，同時，左足收回於右足左側，足尖著地。同時，右手落下變拳，向上伸直，拳眼向後；左手變拳，在右腋下拳眼緊附右脅。身體微向下蹲，半面向右，兩眼前視。如圖。（此勢宜用腰脊力）

第四十三圖　右打虎式(一)

左打虎式（分一動）

（一）由前式，左足向左後方撤一大步。同時兩拳落下，提起右腿，右足護襠。左拳向左上方伸直，拳眼向後；右拳橫於面前，肘與右膝相接，身體半面向左。兩眼前視。如圖。

披身踢腳（分一動）（又名二起腳）

（一）由前式，兩手變掌分向前後劈成水平。同時右腳踢平。如圖。（此勢腰脊用力，左足支撐全身，不可移動搖擺為要）

第四十四圖　左打虎式（一）

第四十五圖　披身踢腳（一）

雙風貫耳（分一動）

（一）由前式，上體半面向右轉，兩手收回於胸前，手背向下，拍擊右膝上部。右足前踏一步為弓，左腿在後蹬直。兩手變拳，兩拳眼向內，由左右分向前合擊，如擊敵之兩耳。兩眼前視。如圖。（此勢兩臂動作須與腰腿一致輕捷靈活）

披身蹬腳（分二動）

（一）由前式，兩手位置不動。以兩足掌為軸上體向右轉九十度，兩膝彎曲，將身蹲下。

第四十六圖　雙風貫耳(一)

第四十七圖　披身蹬腳(一)

（二）兩手分向左右，臂成水平。同時，左足向左腿處移動，身體以右足掌為軸向右後旋轉約一百八十度，左足落於右足左側。同時，兩手仍回至胸前，兩手心向下，手指相對微接。

轉身蹬腳（分一動）

（一）兩手分向左右劈成水平。同時，右足向右踢起，與右分腳同。如圖。（此勢蹬腳時須足踵用力）

右摟膝拗步同前十五圖。

左摟膝拗步同前十三圖。

手揮琵琶式同前十六圖。

第四十九圖　轉身蹬腳（一）

第四十八圖　披身蹬腳（二）

上步搬攔捶同前十八圖。

如封似閉同前十九圖。

十字手同前式二十圖、二十一圖。

左摟膝拗步同前十三圖。

右轉身抱虎歸山同前十五圖。

攬雀尾同前二、三、四、五圖。

斜單鞭同單鞭式六、七圖，與正單鞭同。

看式（分一動）

（一）由前式，右足撤回，足尖在前翹起，身體後坐，重力移於左腿上。右手為掌，豎於面前，拇指對準鼻端；左手在右肘下，拇指與右肘接觸。兩眼前視。如圖。

第五十圖　看式(一)

（此勢用腰脊力，臂腿一致）

右野馬分鬃（分一動）

（一）由前式，右足向右前方上一大步。同時，兩手交叉於胸前，左手在上，手心向下，右手在下，手心向上，右臂即向右前上方斜伸微直，上體隨之斜伸，與右臂成一致。右腿前弓，左手向左下方伸直，左腿在後蹬直，兩眼注視左手。如圖。（此勢須腰腿臂一致，全身舒展）

左野馬分鬃（分一動）

（一）由前式，左足向左前方上一大

第五十一圖　右野馬分鬃(一)

第五十二圖　左野馬分鬃(一)

步，兩手交叉於胸前，右手在上，手心向下，左手在下，手心向上，左臂即向左前上方斜伸微直，上體隨之斜伸，與左臂成一致。左腿前弓，右手向右下方伸直，右腿在後蹬直，兩眼注視右手。如圖。

右野馬分鬃同前五十一圖。

左野馬分鬃同前五十二圖。

右野馬分鬃同前五十一圖。

看式同前五十圖。

右野馬分鬃同前五十一圖。

上步左玉女穿梭（分二動）

（一）由前式，左足向左前方上一大步。左手橫於胸前，約距十生的，手心向上，右手附於左手脈門處，左手向前左方平

第五十三圖　左玉女穿梭（一）

走一環形，右手不離左手脈門，左手橫於頭頂上，手心向上。同時，上體後坐，重力移於右腿上。右掌即豎於胸前，手心向左。

（二）右掌向前推出，上體隨之推進。左腿前弓，右腿在後蹬直。如圖。（此勢方向半面向左，但身體仍須中正）

轉身右玉女穿梭（分二動）

（一）由前式，提起右足，以左足跟為軸由右向後轉一百八十度，右足落於右前方。同時，右手橫於胸前，約距十生的，手心向上，左手附於右手脈門處，右手向右前方平走一環形，左手不離右手脈門處，右手

第五十四圖　左玉女穿梭(二)

第五十五圖　右玉女穿梭(一)

橫於頭頂上，手心向上。同時，上體後坐，重力移於左腿上。左掌即豎於胸前，手心向右。

（二）左掌向前推出，上體隨之推進。右腿前弓，左腿在後蹬直。如圖。

看式同前五十圖。

右野馬分鬃同前五十一圖。

上步左玉女穿梭同前五十三、四圖。

轉身右玉女穿梭同前五十五、五十六圖。

上步按手（分一動）

（一）由前式，左足前上一步。同時，

第五十六圖　右玉女穿梭(二)

第五十七圖　上步推按(一)

兩手心向下，向前下方按，兩臂肘以下約成水平。右足再前上一步。如圖。

（此勢臂腿宜靈活）

攬雀尾同前二、三、四、五圖。

單鞭同前六、七圖。

右雲手同前三十五圖。

左雲手同前三十四圖。

右雲手同前三十五圖。

左雲手同前三十四圖。

右雲手同前三十五圖。

單鞭同前六、七圖。

下式（分二動）

（一）由前式，以兩足掌為軸，身體半面向左轉，重力移於左腿上，左腿

第五十八圖　下式(一)

第五十九圖　下式(二)

在前為弓，右腿在後蹬直。同時，左手位置不動，右手橫移，微接於左手脈門，兩手手指向左。

（二）兩手向後向下走一弧形至襠前。同時，身體重力移於右腿上，右腿極力下蹲，左腿伸直，兩足尖不可翹起。如圖一、二。（此勢蹲身時，腰脊須直立，不可前傾）

右金雞獨立（分一動）

（一）由前式，兩手向前上方挑起，身體隨之，重力移於左腿上；同時，右腿曲膝提起，膝蓋以下垂直。右臂肘以下垂直於胸前，肘與右膝接觸，左手落下於前下方。如圖。（此勢樞紐在腰脊，不可搖動）

左金雞獨立（分一動）

（一）由前式，右臂與右腿同時落於右方，同時左臂曲肘與左膝相接，掛起左腿，左臂肘以下垂直於胸前，左腿膝以下垂直。如圖。

第六十圖　右金雞獨立（一）

第六十一圖　左金雞獨立（一）

左倒攆猴同前二十六圖。
右倒攆猴同前二十七圖。
左倒攆猴同前二十六圖。
斜飛式同前二十八圖。
提手上式同前八、九圖。
白鶴晾翅同前十、十一圖。
左轉身摟膝拗步同前十三圖。
海底針同前二十九圖。
扇通臂同前三十圖。
右轉身撇身捶同前三十一圖。
上步搬攔捶同前十八圖。
上步攬雀尾同前二、三、四、五圖。
單鞭同前六、七圖。

左雲手同前三十四圖。
右雲手同前三十五圖。
左雲手同前三十四圖。
單鞭同前六、七圖。
左高探馬同前三十六圖。

撲面掌（分一動）

（一）由前式，右手手心向下，由左手外側翻轉落於左脅；同時，左手上抬，俟右手落下，左手手心即翻轉向外，手指向右，用掌向前推出。同時，左足前踏一步為弓，右腿在後蹬直。如圖。（此勢足之起落須與手一致，左掌推出時，身體須隨之推進）

第六十二圖　撲面掌(一)

轉身十字擺蓮（分二動）

（一）由前式，以左足掌為軸，身體由右向後轉一百八十度；同時，身體重力移於左腿上，左膝前曲，右足在左足前約一足之地，足尖著地。左臂在右臂上交叉於胸前。

（二）右足向左前方踢起，腳面崩直，向右成一環形落下。

右足踢起時，左手以手背拍擊腳面，同時右手摟膝，兩手向左右分開。如圖一、二。（此勢靈活為要）

右摟膝拗步同前十五圖。

第六十三圖　十字擺蓮（一）

第六十四圖　十字擺蓮（二）

上步摟膝指襠捶（分一動）

（一）由前式，左足前踏一步，在前為弓，右腿在後蹬直。左手手心向下摟左膝，同時右手為拳，向敵之襠間打出，左手扶於右手脈門。兩眼注視右拳。如圖。（此勢以腰脊力助右拳打出，但不可滯板）

上步攬雀尾同前二、三、四、五圖。

單鞭同前六、七圖。

下式同前五十八、五十九圖。

上步騎鯨（分一動）

（一）由前式，身體重力移於左腿上，

第六十五圖　摟膝指襠捶(一)

第六十六圖　上步騎鯨(一)

稍向下蹲，右足前上一步，在左足前一足之地，足尖著地。兩手在頭之前上方交叉，左手手心向內，右手手心向外，兩手背相接。如圖。（此勢腰脊宜直，不可前傾）

退步跨虎（分一動）

（一）由前式，右足向後撤一步，同時，身體微向前傾，以足掌為軸向右轉，左足收回在右足左側，足尖著地，兩腿稍向下蹲。同時，兩手至左膝下前後分開，右手在前為掌，手指向上，手心向左，手與眉齊，臂微直；左手在後下方，五指併攏為勾。兩眼向左平視。如圖。（此勢全身重力在右足上）

第六十七圖　退步跨虎（一）

轉身撲面掌（分一動）

（一）由前式，以右足為軸，身體向右轉，左足前踏一步在前為弓，右腿在後蹬直。同時，右手手心向下，由左手外側翻轉落於左脅；同時，左手上抬，俟右手落下，手心即翻轉向外，手指向右，用掌向前推出。兩眼向前平視。同前六十二圖。

轉身雙擺蓮（分二動）

（一）由前式，以左足跟為軸，由右向後轉一百八十度，重力移在左腿上。同時，兩手橫移至體之右側。

（二）右足由左前方踢起，向右成一環形落下。同時，兩手向左勾掛右腳面。如

第六十八圖　轉身雙擺蓮（一）

圖一、二。（此勢宜靈活，不可滯板）

右彎弓射虎（分一動）

（一）由前式，兩手向右向上走一環形至右上方，兩手為拳，拳眼相對，手心向外，兩拳向左前下方打出。同時，右腿前弓，左腿在後蹬直，上體微向左彎。兩眼注視兩拳。如圖。（此勢右脅宜伸展）

左彎弓射虎（分一動）

（一）由前式，兩拳向右落下為掌，向左上方走一半環形至左上方為拳。同時，左

第六十九圖　轉身雙擺蓮（二）

第七十圖　右彎弓射虎（一）

足向左前方上一大步。拳眼相對手心向外，兩拳向右前下方打出。左腿前弓，右腿在後蹬直，上體微向右彎。兩眼注視兩拳。如圖。

上步攬雀尾同前二、三、四、五圖。

單鞭同前六、七圖。

上步錯捶（分一動）

（一）由前式，以兩足掌為軸，身體向左轉，左手不動，右手為拳，拳眼向上，落下貼於右脅，肘以下成水平。

（二）右拳向前平打，右足同時上一大步，右腿前弓，左腿在後蹬直。兩眼注視

第七十一圖　左彎弓射虎(一)

第七十二圖　上步錯捶(一)

右拳。如圖。（此勢右拳打出時宜用腰脊力）

攬雀尾同前二、三、四、五圖。

單鞭同前六、七圖。

合太極（分一動）

（一）由前式，兩手合於胸前，相離與肩寬相等。左足與右足靠攏，兩膝微曲。兩手下按，手心向下，手指向前。同時，兩腿漸次伸直，與原預備式姿勢相同。如圖。

第七十三圖　合太極(一)

第八章

第一節　虛實開合論

實非全然站煞，實中有虛。虛非全不著力，虛中有實。後二圖舉一身而言，雖是虛實之大概，究之周身無一寸無虛，又離不得此虛實，總要連絡不斷，以意使氣，以氣運勁，非身子亂挪，手足亂換也。虛實即是開合，走架打手，著著留心，愈練愈精，工彌久技彌尚矣。參考附圖。

第二節 太極懂勁先後論

夫未懂勁之先，常出頂匾丟抗之病。既懂勁之後，恐出間斷接撞俯仰之病。然未懂勁，故然亦出勁，既懂勁何以出病乎？緣勁似懂未懂之際，正在兩可斷接無準矣，故出病。神明及猶不及，俯仰無著矣，亦出病。若不出斷接俯仰之病，非真懂勁弗能出也。胡為真懂勁？因視聽無由，未得其確也。知瞻眇顧盼之視，覺起落緩急之聽，知閃還撩之運，轉換進退之動，則為真懂勁，則為接及神明，自攸往有由矣。

有由者，於懂勁自能屈伸，動靜之妙。有屈伸動靜之妙，開合升降，又有由矣。由屈伸動靜，見入則開，遇出則合，看來則詳，就去則升，夫而後才為真接及神明也。神明豈可日後不慎，行坐臥走，飲食溺混之功？是所為及中成、大成也哉！

第九章

第一節　推手歌

掤捋擠按須認真，上下相隨人難進。任他巨力來打我，牽動四兩撥千斤。引進落空合即出，沾連黏隨不丟頂。試觀耄耋能禦眾，俱係先天自然能。

又曰：彼不動，己不動；彼微動，己先動。似鬆非鬆，將展未展，勁斷意不斷。

又曰：行則動，動則變，變則化，化化無窮。

第二節　沾黏連隨說

沾者，提高拔上之謂也；黏者，留戀繾綣之謂也；連者，捨己無離之謂也；隨者，彼走此應之謂也。要知人之知覺運動，非明沾黏連隨不可。斯沾黏連隨之功夫，亦甚細矣。

第三節　太極輕重浮沉解

雙重為病，乖於填實，與沉不同也。雙重不為病，自爾騰虛，與重不易也。雙浮為病，只如漂渺，與輕不例也。雙輕不為病，天然輕靈，與浮不等也。

半輕半重不為病，偏輕偏重為病。半者，半有著落也，所以不為病。偏者，無著落也，所以為病。偏無著落，心失方圓。半有著落，豈出方圓？半浮半沉，為失於不及也。偏浮偏沉，失於太過也。半重偏重，滯而不正也。半輕偏輕，靈而不圓。半沉偏沉，虛而不正也。半浮偏浮，茫而不圓。

夫雙輕不進於浮，則為輕靈；雙沉不進於重，則為離虛。故曰上手輕重，半有著落，則為平手。除此三者之外皆為病。

蓋內之虛靈不昧，能致於外氣之清明，流行乎肢體也。若不窮研輕重浮沉之手，徒勞掘井不及泉之嘆耳。

然有方圓四正之手，表裏精粗無不到己，太極大成，又何云四隅出方圓矣，所謂「方而圓，圓而方」「超其象外，得其寰中」之上手也。

第十章

第一節　太極四隅解

四正即四方也，所謂掤捋擠按也。初不知方能使圓，方圓復始之理無已，焉能出隅之手矣?緣人外之肢體，內之神氣，弗緝輕靈，方圓四正之功，始出輕重浮沉之病，則有隅矣。譬如半重偏重，滯而不正，自然為採挒肘靠之隅手，或雙填實亦出隅手也。病多之手不得已，以隅手扶而歸圓中方正之手，雖然至底者肘靠亦及此，以補其所以云爾。春後功夫能致上乘者，亦須獲採挒而仍歸大中至正矣。是四隅之所用者，因失體而缺云爾。

掤捋擠按推手圖說

●掤

甲乙二人面對立，均左足前出約半步，右手伸出，手腕互相抵觸，再將左手互扶右肘。甲將右臂向起揚，謂之掤。（如物之掤起然也）如圖。

●捋（攦）

甲將右臂向起掤。

乙稱甲之掤時用右手掠住甲之右手，左手扶住甲之右肘後方；同時，向右後方捋甲之右臂。謂之捋。（如物之伸長也）如圖。

第七十四圖　掤（一）

第七十五圖　捋(二)

第七十六圖　擠(三)

●擠

乙捋甲之右臂時。

甲稱乙之捋即將右臂彎曲，將左手為掌抵於右肘之內方；同時，用力以肘抵觸乙之胸部，上體隨之前傾。謂之擠。如圖。

● 按

甲，用肘抵觸乙之胸部。乙，同時將體稍向後撤，用兩手按住甲之右臂，左手扶於肘上，右手扶於腕部；同時向下接住向前弓身推出。謂之按。如圖。

此推手法互相循還不已，週而復始，即為掤捋擠按四方正也。

第七十七圖　按(四)

第二節　頂匾丟抗論

頂者，出頭之謂也；匾者，不及之謂也；丟者，離開之謂也；抗者，太過之謂也。此四字之病，要不明沾、黏、連、隨，斷不明知覺運動也。初學推手不可不知也，更不可不去此病。所難者，沾黏連隨，而不許頂匾丟抗，是所不

易矣。

第三節　對待無病論

頂匾丟抗，失於對待也。所以為之病者，既失沾黏連隨，何以獲知覺運動？既不知己，焉能知人？所謂對待者，不以頂匾丟抗相對於人也，要以沾黏連隨等待於人也。能如是，不但無對待之病，知覺運動自然得矣，可以進於懂勁之功夫耳。

第四節　觀經悟會法

太極者，非純功於《易經》不能得也。以《易經》一書，必須朝夕悟在心內，會在心中，超以象外，得其寰中。人所不知而己獨知之妙，若非得師一點心法之傳，如何能致使我手之舞之，樂在其中矣。

茲將太極拳學理及功用與練習之身法，業已編成就序。惟太極劍、太極刀、太極槍等項，因時間迫促，惜未能編輯，誠為憾事。俟得相當機會之時，再將劍、刀、槍之練習方法，全部續出，方為完璧，以享同志。

四隅推手法

此推手法者，採挒肘靠四斜方，大捋之謂也。

惟練習時，甲乙二人對立，均以右足前出半步，二人左右足尖對準，上體微向前傾，二人均以左手伸出，兩手腕互相抵觸，再以右手前出，各互相扶左肘，二人對視。其動作互相進退，循環不已，以求身體靈活，姿勢開展便利為宜。

【動作】由前搭手，甲向右後方（即西北方）退一大步，兩手挒住乙之右臂。乙乘甲之後退挒臂時，急跟進左步，用左肩靠甲之胸前。甲乘乙之靠，急將左腿向左後方（即東北方）退一大步，同時換挒乙之左臂，用力向左下方切之。乙跟進，左足插入甲之襠內，用左肘撞甲之腹部。甲乘乙之肘時，急將左足提起，插入乙之左腿根內側，兩手用力按住乙之左肘，用定採勁。乙乘甲之採勁，急將左足向左後方（即西南）退一大步，兩手挒定甲之左臂。甲乘乙後退挒左臂時，急跟進右足，用左肩靠住乙之胸部。乙乘甲之靠，急右腿向右後方（即東南方）退一大步，兩手挒住甲之右臂，向右下方切之。甲乘乙之挒勁，急右腿插入乙之襠內，用右肘撞乙之腹部。乙急將左足提起，插入甲右腿根內側，同時兩手按住甲之右肘，用之採勁。此謂之採挒肘靠也。

欲換式，甲乘乙之採勁，急用右掌擊乙之左耳。乙乘甲之擊打時，左足急向左後方退一大步（即西南方），兩手同時挒住甲之左臂。甲乘乙後退時，跟進左腿插入襠內，用左肘撞乙之腹部。乙急右足提起，插入甲之左腿根內側，兩手按定甲之左肘，用之採勁。甲再向後退時，均同以上動作，謂之四斜方大捋推手法也。其動作腰腿須要用力，進退變換須要迅速。甲乙動作循環不已，週而復始，已補四正方之所不及也。

採挒肘靠推手法終。

跋

天地之高厚，人物之繁雜。有天地，然後有人民。有人民，然後有國家。有國家，然後有庶事。庶事興，而萬民樂業，國因富強。且國家之富強，在乎黎庶之振作。振作主要精神，富強關係職業。若無有精神，則弱矣。人民弱，國何強？欲圖國家富強。須使人民各界加之運動，如此精神有矣，國何不強？且文武分歧久遠，漸漸尤重。文人不識武業，武夫不通文理，文武兩學，似略有畛域之分。今國家振興庶務，百度維新，立學校，造就人才。然各學校加之運動，使文武並進，精神自然加增矣。

人有言曰：武學與文學一理。理既同，何重文而輕武？然文人多有謂武術而粗猛，故不接近武學者誤矣。且武術門派甚多，各有不同。有純主剛者，有主柔者。則太極一門，曰武當派，動作以柔軟為主。練習時，毫無著力之處，係順天地自然之理，運用一派純正之氣。

勿論男女婦孺，及年近半百之人皆可練習。一無折腰曲腿之苦，二無躍高縱險之勞。且不必短服扼腕，隨便常服均可從事，故成武業中之文雅也。

今有彭老先生仁軒研究太極拳功十餘年矣，頗得其中之奧妙，今願將平生所學太極拳功著書傳流於世，一培我國強盛之基，二為我同胞體育之進步也。余奉命為跋，不敢貢譽，請閱者諸君指教是幸。

民國二十二年三月廿八日　痴民王國梁謹跋

跋

中國國術，名稱甚夥，可分為內外兩大宗派。其外家派雖繁，茲特從略，不加詳焉。惟就內家派而言，太極經云：動轉須要靈活，純用自然之力，懷抱八卦，足踏五行，周身屈伸開合皆依陰陽為基礎。靜如山岳，動似江河，依式練習，滔滔不斷，猶如翻江搗海。動作務令沉著，以意為君，骨肉為臣，始能謂之懂勁。懂勁之後，而愈練愈精，從心所欲，致於接及神明，返於先天之理。如前代李道子、殷利亨、莫谷聲、程靈洗、許宣平、俞蓮舟諸先賢，已練為上乘，竟得全體大用。其後以武事成名者，頗不乏人。由是觀之，太極系一種延年益壽之術，健全身體之功夫。今值書成，謹書數語，敬告有志於斯道之同志：深研其功，定登壽域無窮耳。

古瀛郡壽延彭順義謹跋

歡迎至本公司購買書籍

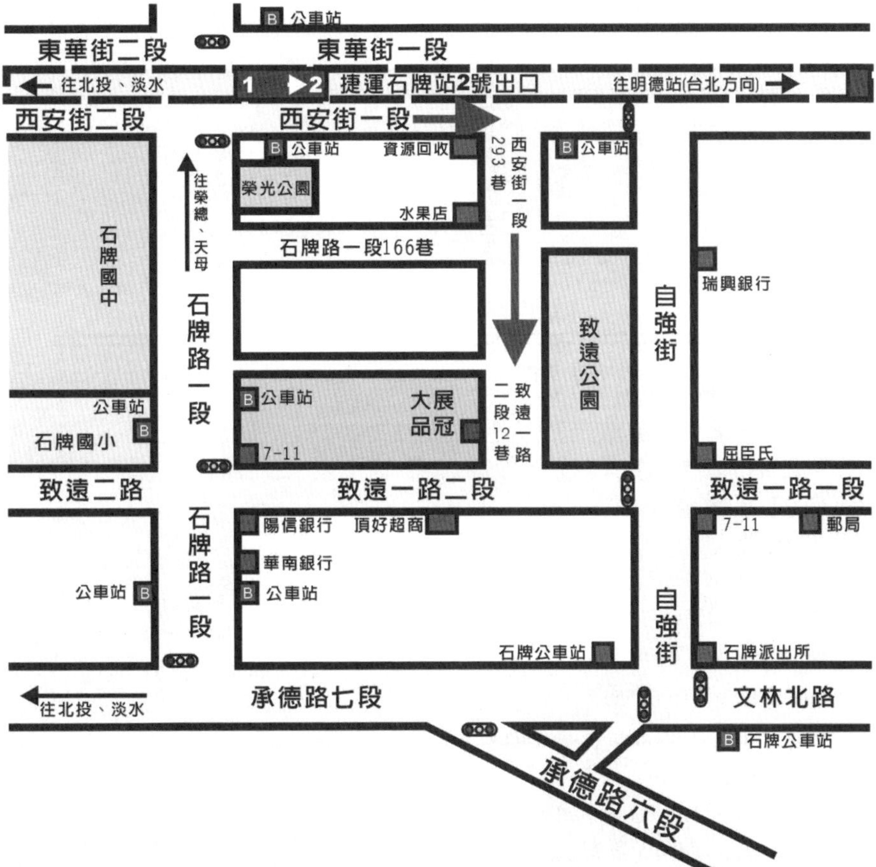

建議路線

1.搭乘捷運・公車

淡水線石牌站下車，由石牌捷運站2號出口出站(出站後靠右邊)，沿著捷運高架往台北方向走(往明德站方向)，其街名為西安街，約走100公尺(勿超過紅綠燈)，由西安街一段293巷進來(巷口有一公車站牌，站名為自強街口)，本公司位於致遠公園對面。搭公車者請於石牌站(石牌派出所)下車，走進自強街，遇致遠路口左轉，右手邊第一條巷子即為本社位置。

2.自行開車或騎車

由承德路接石牌路，看到陽信銀行右轉，此條即為致遠一路二段，在遇到自強街(紅綠燈)前的巷子(致遠公園)左轉，即可看到本公司招牌。

國家圖書館出版品預行編目資料

王茂齋太極功／季培剛　輯校
——初版，——臺北市，大展，2021〔民110.02〕
面；21公分 ——（武學名家典籍校注；19）
ISBN 978－986－346－321－4（平裝）
1.太極拳
528.972　　109019958

王茂齋　太極功

輯 校 者／季 培 剛
責任編輯／苑 博 洋
發 行 人／蔡 森 明
出 版 者／大展出版社有限公司
社　　址／台北市北投區（石牌）致遠一路2段12巷1號
電　　話／（02）28236031 · 28236033 · 28233123
傳　　眞／（02）28272069
郵政劃撥／01669551
網　　址／www.dah-jaan.com.tw
E－mail／service@dah-jaan.com.tw
登 記 證／局版臺業字第2171號
承 印 者／傳興印刷有限公司
裝　　訂／佳昇興業有限公司
排 版 者／弘益電腦排版有限公司
授 權 者／北京科學技術出版社
初版1刷／2021年（民110）2月

定 價／450元

大展好書　好書大展
品嘗好書　冠群可期

大展好書　好書大展
品嘗好書　冠群可期